Recht oder Unrecht?

Hennig von Alten

Recht oder Unrecht?

Der Verwaltungsrechtsstreit des Staatssekretärs a. D.
Prof. Dr. Dr. h. c. Franz Schlegelberger
um seine beamtenrechtlichen Versorgungsbezüge

Bibliografische Information der Deutschen Nationalbibliothek
Die Deutsche Nationalbibliothek verzeichnet diese Publikation in der Deutschen
Nationalbibliografie; detaillierte bibliografische Daten sind im Internet über
http://dnb.d-nb.de abrufbar.

© 2009 Hennig von Alten
Herstellung und Verlag: Books on Demand GmbH, Norderstedt
ISBN: 978-3-8391-1582-4

Inhalt

Vorwort

Mit den folgenden Ausführungen möchte ich über ein außergewöhnliches und dennoch fast vergessenes Gerichtsverfahren berichten. Es handelt sich um den Verwaltungsrechtsstreit des ehemaligen Staatssekretärs des Reichsjustizministeriums Prof. Dr. Dr. h. c. Franz Schlegelberger gegen das Land Schleswig-Holstein. An dem Verfahren war die Bundesrepublik Deutschland als Beigeladene beteiligt. Zwischen den Beteiligten wurde über die Feststellung des beklagten Landes Schleswig-Holstein gestritten, dass der Kläger keine Rechte aus dem Gesetz zu Artikel 131 GG beanspruchen könne, weil er durch sein Verhalten während der Herrschaft des Nationalsozialismus gegen Grundsätze der Rechtsstaatlichkeit verstoßen habe. Praktisch ging es um die Weitergewährung der dem Kläger bisher gewährten beamtenrechtlichen Versorgungsbezüge.

Das gerichtliche Verfahren begann 1959 beim Schleswig-Holsteinischen Verwaltungsgericht. In zweiter Instanz entschied der 5. Senat des Oberverwaltungsgerichts Lüneburg mit Urteil vom 3. Dezember 1962 über die Berufung gegen die erstinstanzliche Entscheidung. Dieses Urteil steht im Mittelpunkt meiner Ausführungen. Das Verfahren wurde im Oktober 1966 vor dem Bundesverwaltungsgericht abgeschlossen.

Anlass für meine Beschäftigung mit dem Verfahren war die Bitte des Nds. Justizministeriums, im Rahmen der Fortbildungsveranstaltung „Recht im Nationalsozialismus" für Richter und Staatsanwälte in Niedersachsen über das Verfahren zu referieren. Ich habe daraufhin seit 1987 auf diesen Veranstaltungen mein Referat vorgetragen, das auch die Grundlage für diese Ausarbeitung ist.

Bevor ich auf die Einzelheiten des Verfahrens komme, möchte ich versuchen zu erklären, welche Gründe es meines Erachtens rechtfertigen, sich heute noch mit diesem vor Jahrzehnten abgeschlossenen Verwaltungsrechtsstreit zu beschäftigen.

Zunächst geht es um die Person des ehemaligen Staatssekretärs Prof. Dr. Schlegelberger. Über diesen Prozess werden wir erinnert an einen noch heute durch seine wissenschaftlichen Werke bekannten Rechtswissenschaftler, der zugleich über ein Jahrzehnt an führender Stelle im Reichsjustizministerium, davon 9 1/2 Jahre unter nationalsozialistischer Herrschaft, in der Justizverwaltung tätig war. Er war ein konservativer Spitzenbeamter, kein glühender Nationalsozialist, der der Partei und deren Genossen eher distanziert gegenüberstand. Er war in der Nachkriegszeit das Symbol des auch in den rechtlosen Zeiten der Willkürherrschaft stets dem Recht und der Gerechtigkeit verpflichteten aufrechten und unbeugsamen Juristen. Er ist eine Person der Zeitgeschichte geworden. In dem 1961 in den USA produzierten Film „Der Prozess von Nürnberg" mit hochgradiger Besetzung (u.a. Spencer Tracy, Marlene Dietrich, Maximilian Schell; Regie Stanley Kramer) steht die Person Schlegelbergers als Hauptangeklagter Dr. Ernst Janning (gespielt von Burt Lancaster, auf dem nebenstehenden Poster der 2. von links)) in einer nur in Hollywood möglichen Verbindung von einer Person als Amtsrichter und Reichsjustizminister im Mittelpunkt. Maximilian Schell erhielt 1961 für seine schauspielerische Leistung als Verteidiger des Dr. Janning den Oskar als bester männlicher Darsteller.

Das Urteil von Nürnberg

Weiter eröffnet uns das Verfahren einen Einblick in die Tätigkeit des Reichsjustizministers und die Hintergründe einiger Vorgänge, die im Reichsjustizministerium, insbesondere in den Kriegsjahren 1941/42, zu bearbeiten waren. Der von den Verfahrensbeteiligten in den Prozess eingebrachte Tatsachenstoff betrifft Ereignisse und Vorgänge, die nicht in Vergessenheit geraten sollten. Sie lassen die Anmaßungen der Staatsführung und

8

die dadurch auftretenden Schwierigkeiten und Konfliktlagen erkennen, in denen sich die Führung der Justizverwaltung des Dritten Reiches in dieser Zeit befand. Diese Konflikte verschärften sich noch in der Person von Schlegelberger, weil dieser als Jurist „alter Schule" durchaus um die grundlegenden Prinzipien der Rechtsstaatlichkeit wusste, sich ihnen wohl auch verpflichtet fühlte und nach seinen Angaben versuchte, diese auch in schweren Zeiten aufrecht zu erhalten.

Schließlich lassen sich exemplarisch an diesem Verfahren auch die Schwierigkeiten aufzeigen, die nicht nur die Strafjustiz, sondern auch die Verwaltung und die nach dem Krieg neu geschaffene Verwaltungsgerichtsbarkeit der Bundesrepublik Deutschland mit der Bewältigung des oft und zu gern verdrängten juristischen Erbes aus der Zeit des Nationalsozialismus gehabt haben.

Es ist auch sicherlich ungewöhnlich, historische Vorgänge über einen Verwaltungsprozess aus den 60er Jahren des 20. Jahrhunderts zu schildern. Die Rechtfertigung dafür liegt darin, dass in diesem Verfahren, auf das ich im Rahmen eines Disziplinarverfahrens aufmerksam wurde, erstmals nach dem Kriege vor einem Verwaltungsgericht Vorgänge aus dem Reichsjustizministerium öffentlich verhandelt und das Verhalten eines führenden Repräsentanten der Justiz zum Gegenstand eines Gerichtsverfahrens gemacht wurden. Natürlich entspricht die Schilderung historischer Vorgänge aus dem Inhalt von Gerichtsakten nicht den Anforderungen nach absoluter Objektivität und Vollständigkeit. Unstreitige oder mit justizförmigen Mitteln von den Gerichten festgestellte Tatsachen müssen mit dem wirklichen historischen Geschehen nicht übereinstimmen. Diesen Einwand halte ich hier aber nicht für erheblich. Denn die im Verfahren eingeführten tatsächlichen Vorgänge werden im Wesentlichen durch Dokumente belegt und wurden weitgehend auch vom Kläger nicht in Frage gestellt. Außerdem wird uns durch die Darstellung der Prozessgeschichte eine außergewöhnliche Chance und Erkenntnisquelle eröffnet, auf die Historiker regelmäßig verzichten müssen – nämlich die Erläuterungen und die Einwände des in der geschichtlichen Situation selbst Handelnden zu den Vorgängen, die ihm von der beklagten Behörde als Fehlverhalten vorgehalten werden. Gerade wie sich Schlegelberger gegenüber den verschiedenen Vorwürfen und Vorhaltungen verteidigt, natürlich immer mit Blick auf das Prozessergebnis, vermittelt uns interessante Einsichten und Erkenntnisse und rechtfertigen diese unkonventionelle Art der Geschichtsbetrachtung.

Schließlich fühle ich mich als Jurist auch nicht besonders befähigt, und werde es deshalb auch nicht versuchen, übergreifende und historisch gesicherte Zusammenhänge aufzuzeigen oder abschließende Bewertungen abzugeben. Meine Kompetenz beschränkt sich auf die Schilderung der Prozessgeschichte, die ich mit Anmerkungen hier und da angereichert und ergänzt habe.

Vorgelegen hat mir die gesamte Prozessakte, die etwa 1.000 Seiten umfasst. Die im Gerichtsverfahren zugezogenen Beiakten, wie etwa die vollständigen Personalakten von Schlegelberger und die mehr als 20 Aktenbände der Verwaltung, standen mir nicht zur Verfügung.

Meine Ausführungen stützen sich im Wesentlichen auf folgende Quellen:

- das Urteil des Oberverwaltungsgerichts Lüneburg vom 3. Dezember 1962
- das Urteil des Militärgerichtshofs III der Vereinigten Staaten vom 3. und 4. Dezember 1947
- ein von Herrn Bästlein, einem führenden Forscher der Justizvergangenheit des Dritten Reichs, erstellter Auszug aus der Personalakte von Schlegelberger;
- zahlreiche inzwischen an anderen Stellen veröffentlichte Dokumente, die im Prozess wohl nicht verwertet wurden, die ich zum besseren Verständnis jedoch hier mit verwendet habe.

Ausgewertet habe ich auch die bisher erschienen Publikationen zu Schlegelberger. 1990 erschien als Sonderheft der „Kritischen Justiz" der sachlich ausgewogene und kenntnisreiche Essay von Eli Nathans, einem Rechtsanwalt aus Baltimore (USA), „Franz Schlegelberger". 1991 wurde die Kieler Dissertation von Arne Wulff „Staatsekretär Prof. Dr. Dr. h.c. Franz Schlegelberger 1876 - 1970" veröffentlicht. Interessant an dieser Arbeit ist, dass Wulff Einsicht in die sonst nicht zugänglichen Archive der Familie Schlegelberger und seines Prozessbevollmächtigten Dr. Kubuschok bekam und aus dort vorhandenen Dokumenten zitieren konnte. Der hier zu behandelnde Rechtsstreit wird unter Auswertung der Prozessakten korrekt geschildert (S. 165 - 174). Allerdings befasst sich der Autor recht unkritisch mit der Person und dem Verhalten Schlegelbergers und sieht von einer eigenen Bewertung und Würdigung von dessen Verhalten ab. Weiter erschien 1995 die Dissertation von Michael Förster „Jurist im Dienst des Unrechts. Leben und Werk des ehemaligen Staatsekretärs im Reichsjustizministerium, Franz Schlegelberger (1876 - 1970)). In dieser ausführlichen Arbeit werden die Person und die Handlungen Schlegelbergers umfassend dargestellt und gewürdigt. Diese Arbeit leidet jedoch etwas an einem deutlichen Vorurteil des Verfassers gegenüber der untersuchten Person. Der Verwaltungsrechtsstreit wird unter dem Kapitel „Der Kampf um das Ruhegehalt" (S. 167 - 175) ohne Auswertung der Prozessakten geschildert. 1996 wurde erstmals nach einer längst vergriffenen Veröffentlichung des Zentral-Justizamtes für die Britische Zone aus dem Jahre 1948 der Text des Urteils des III. Nürnberger Prozesses aus dem Jahr 1947 in einem von Lore Peschel-Gutzeit herausgegeben Band „Das Nürnberger Juristen-Urteil von 1947" veröffentlicht. Bei der Ausarbeitung meines Referates im Jahre 1987 war ich noch auf eine kaum lesbare Durchschrift des Urteils angewiesen, das mir aus der Universitätsbibliothek Göttingen beschafft werden konnte.

Um die Lesbarkeit nicht zu beeinträchtigen habe ich bewusst von einer umfassenden Angabe der Fundstellen der von mir zitierten Quellen abgesehen. Viele Einzelheiten sind mittlerweile in den genannten Dissertationen mit genauen Zitatangaben nachzulesen. Eine Übersicht der einschlägigen Literatur einschließlich eines umfassenden Werkverzeichnisses von Schlegelberger findet sich bei Förster und in dem am Ende beigefügten Literaturverzeichnis.

Das Leben

Louis Rudolph Franz Schlegelberger wurde am 23. Oktober 1876 in Königsberg geboren. Sein Vater war dort Kaufmann. Er wuchs als zweiter Sohn in der evangelisch geprägten Familie auf. Ab 1885 besuchte er das Altstädtische Gymnasium in Königsberg und bestand am 12. Februar 1894 die Reifeprüfung. Nachdem im Abiturzeugnis noch als Berufswunsch „Forstberuf" angegeben war, studierte er von April 1894 bis Juni 1897 an den Universitäten Königsberg und Berlin Rechts- und Staatswissenschaften. Das Studium schloss er nach drei Jahren am 1. Juni 1897 mit dem Referendarexamen in seiner Heimatstadt Königsberg mit der Note „ausreichend" ab. Seine Hausarbeit war als „nicht ausreichend" bewertet worden. Am 1. Juli 1897 wurde er zum Referendar ernannt. 1899 promovierte er „Cum Laude" mit der Arbeit „ Können Abgeordnete nach preußischem Recht wegen ihrer Abstimmung als Beamte zur Disposition gestellt werden?" zum Dr. jur.. Am 9. Dezember 1901 bestand er in Berlin das Assessorexamen mit der Note „gut". Nach seiner Ernennung zum Gerichtsassessor in Königsberg heiratete er wenige Monate später seine Frau Olga geb. Kloth.

Aus der Ehe gingen zwei Söhne hervor. Der 1909 geborene Sohn Günther trat nach Jurastudium und Kriegsdienst im Jahr 1951 in den Auswärtigen Dienst der Bundesrepublik Deutschland ein und war unter anderem als Generalkonsul in Japan tätig. Der 1913 geborene zweite Sohn Hartwig studierte ebenfalls Jura und war nach einer Tätigkeit als Landgerichtsrat nach dem Kriege in Schleswig-Holstein als Kommunal- und Landespolitiker tätig. In seinem Ruhestand engagierte er sich im Roten Kreuz. Er starb 1997 im Alter von 84 Jahren in Flensburg.

Nach der Assessorenzeit wurde Franz Schlegelberger zunächst am 1. Oktober 1904 Landrichter in Lyck in Ostpreußen. Dieser „Gesellenzeit" folgte im Mai 1908 der Wechsel nach Berlin, zunächst an das Landgericht und ab 1. Oktober 1909 als Hilfsrichter an das Kammergericht. Fünf Jahre später, am 17. Juli 1914, wurde er Kammergerichtsrat und wechselte wieder vier Jahre später, am 1. April 1918 unter Ernennung zum Geheimen Regierungsrat und Vortragenden Rat in das Reichsjustizamt, dem Vorläufer des späteren Reichsjustizministeriums. Dort wurde er am 28. Juni 1920 zum Ministerialrat ernannt und leitete von 1921 bis 1931 die Handels- und Wirtschaftsrechtliche Abteilung des Reichsjustizministeriums.

In diese Zeit, Schlegelberger ist um die 50 Jahre alt, fiel seine fruchtbarste wissenschaftliche Tätigkeit. 1922 wurde er als 46jähriger Ministerialrat nebenamtlich Honorarprofessor an der Juristischen Fakultät in Berlin und erhielt am 15. Dezember 1926 die Ehrendoktorwürde der Universität Königsberg. Er veröffentlichte neben zahlreichen Aufsätzen in Fachzeitschriften unter anderem Kommentare zum Handelsgesetzbuch, zum Aktiengesetz, zum Aufwertungsgesetz von 1925 und zum Gesetz über die Angelegenheiten der freiwilligen Gerichtsbarkeit. Schon 1911 hatte er eine Zusammenstellung über die jeweils geltenden Gesetze unter dem Titel „Das Recht der Neuzeit" begonnen, die noch heute unter seinem Namen mit dem Titel „Das Recht der Gegenwart" erscheint. Auch der Kommentar zum Handelsgesetzbuch wurde nach seinem Tode weitergeführt und begründete seine hohe wissenschaftliche Wertschätzung in mehreren Juristengenerationen.

Im Jahre 1925 erhielt er für seine Mitwirkung beim Aufwertungsgesetz vom Reichspräsidenten folgendes Dankesschreiben:

Der Reichspräsident   *Berlin, den 6. August 1925*

Sehr verehrter Herr Ministerialrat!
Durch das Inkrafttreten des am 16. v. M. von mir unterzeichneten Auf-

wertungsgesetzes hat eine der gegenwärtig meist umstrittenen Fragen unseres Wirtschaftslebens ihre gesetzliche Regelung und damit die unerträgliche Rechtsunsicherheit auf dem Gebiet unseres Kreditwesens ihr Ende gefunden.

An dem Zustandekommen des Gesetzes und der Lösung der darin entschiedenen schwierigen und zum Teil völlig neuartigen Fragen haben Sie einen hervorragenden Anteil. Es ist mir daher ein lebhaftes Bedürfnis, Ihnen für Ihre wertvolle Mitarbeit namens des Reichs zu danken und meine besondere Anerkennung auszusprechen.

Mit dem Ausdruck vorzüglicher Hochachtung
gez. von Hindenburg

Am 1. April 1927 wurde er zum Ministerialdirektor befördert. Auf Einladung ausländischer juristischer Gesellschaften unternahm er im Herbst 1929 eine Vortragsreise nach Argentinien, Chile und Brasilien. Im „Berliner Börsen-Curier" vom 7. Februar 1930 wurde darüber berichtet:

Südamerikanisches Interesse für deutsche Rechtsentwicklung

Die deutsche Rechtsentwicklung der Nachkriegszeit findet im Auslande steigendes Interesse. Vor kurzem ist der Ministerialdirektor im Reichsjustizministerium Dr. Schlegelberger von einer Reise zurückgekehrt, die ihn nach Argentinien, Chile und Brasilien geführt hat. Er hat auf Einladung des Argentinisch-Deutschen Kulturinstituts in Buenos Aires eine Reihe von Vorträgen über moderne Rechtsfragen gehalten, die in der dortigen Presse viel Beachtung gefunden haben. Daran schlossen sich Vorträge in Chile, die auf einer Einladung der Universität Santiago beruhten. Besonderes Interesse fanden die Ausführungen über die deutsche Strafrechtsreform, da gerade jetzt auch das chilenische Strafrecht vor einer vollständigen Reform steht. Der chilenische Staatspräsident hat Schlegelberger um seinen Rat und seine Mitarbeit bei den vorbereitenden Arbeiten für diese Reform gebeten. Die Vortragsreise fand ihr Ende in

Brasilien, wo Herr Schlegelberger vor den Anwälten von Rio de Janeiro gesprochen hat. Bei verschiedenen Gelegenheiten kam zum Ausdruck, wie wichtig es wäre, die Standardwerke der Deutschen Rechtswissenschaft den südamerikanischen Ländern in ihrer Landessprache zugänglich zu machen.

Als im Herbst 1931 der damalige Staatssekretär Joel das Amt des Reichsjustizministers übernahm, wurde Schlegelberger am 11. Oktober 1931 zum Staatssekretär im Reichsjustizministerium ernannt. In diesem Amt blieb er, als im Juni 1932 Dr. Franz Gürtner Reichsjustizminister wurde und auch nach der sog. Machtergreifung am 30. Januar 1933.

Trotz seiner hohen Beamtenstellung trat Schlegelberger erst im Januar 1938 unter der Mitgliedsnummer 5.501.057 der NSDAP bei. In seiner Zeugenvernehmung im Prozess gegen die Hauptkriegsverbrecher vor dem Internationalen Militärgerichtshof in Nürnberg im Jahre 1946 schilderte er seinen Parteibeitritt wie folgt:

Ich war ursprünglich nicht Mitglied der Partei, ich habe auch niemals einen Antrag auf Eintritt in die Partei gestellt. Zu meiner großen Überraschung erhielt ich am 30.01.1938 ein Schreiben des Chefs der Staatskanzlei des Führers, dass der Führer meine Aufnahme in die Partei verfügt habe. Ich konnte dieses Schreiben natürlich nicht zurückweisen und möchte mich als ein unfreiwilliges Mitglied der Partei bezeichnen.

Von Ende 1934 bis zum Ende seiner Amtszeit im August 1942 war neben Schlegelberger der ehemalige preußische Staatsrat Dr. Roland Freisler als weiterer Staatssekretär im Reichsjustizministerium tätig. Die Zuständigkeiten zwischen beiden Staatssekretären waren so aufgeteilt, dass Schlegelberger für die Abteilungen Bürgerliches Recht, Handels-, Verkehrs- und Öffentliches Recht sowie Haushalts- und Kassenwesen zuständig war. Freisler bearbeitete vor allem die Abteilungen Strafgesetzgebung, Strafrechtspflege und die Aus- und Fortbildung. Für die Personalsachen war Schlegelberger für Ostpreußen, West- und Süddeutschland und das Reichsgericht zuständig. Freisler war für die übrigen Bezirke, den Volksgerichtshof und seit 1939 für die sog. „eingegliederten Ostgebiete" zuständig.

Schlegelberger wurde von seinem persönlichen Referenten W. Heintzeler in dessen 1983 veröffentlichter Biographie „Im Jahrhundert extremer Turbulenz" wie folgt beschrieben (S. 57):

Geborener Ostpreuße, klein, untersetzt, mit großer Hakennase, quicklebendig, immer agil und robust, hochgebildet, ein vollendeter Diplomat mit bezaubernder Liebenswürdigkeit, begabt mit unglaublich rascher Auffassung, ungewöhnlich intelligent, von unermüdlicher Schaffenskraft, in seinen Reaktionen den anderen immer um eine Nasenlänge voraus, ein glänzender Jurist…Seine Schwächen waren eine gewisse Eitelkeit und ein sehr stark entwickelter Geltungsdrang.

Zu seinem 60. Geburtstag am 23. Oktober 1936 erhielt er ein in der führenden Justizzeitschrift „Deutsche Justiz" (DJ 1936,1590) veröffentlichtes Glückwunschtelegramm von Hitler. Außerdem wurde folgender Glückwunsch des Reichsministers der Justiz Dr. Gürtner veröffentlicht:

Dank seiner unermüdlichen, hingebenden Arbeit hat Staatssekretär Dr. Schlegelberger an der Neugestaltung des deutschen Rechts und an dem Ausbau der Reichsjustizverwaltung hervorragenden Anteil. An seinem heutigen sechzigsten Geburtstag gedenkt die deutsche Justizverwaltung in Dankbarkeit seiner Verdienste um Recht und Rechtspflege und übermittelt ihm ihre herzlichsten Glückwünsche.

17

Außerdem erhielt er eine im Verlag Franz Vahlen herausgegebene Festschrift mit der oben nachzulesenden Widmung von Dr. Gürtner mit zahlreichen Beiträgen der damaligen wissenschaftlichen Prominenz (Bumke, Hedemann, Wilke (Hrsg.) Beiträge zum Recht des neuen Deutschland, Berlin 1936). In dem Vorwort heißt es:

Freunde und Verehrer aus allen Rechtswahrerkreisen haben sich mit dem Verlag zusammengefunden, um Ihnen, Herr Staatsekretär, nach wissenschaftlichem Brauche Dank zu sagen für all das, was Sie für das deutsche Recht geleistet haben und Ihnen aufrichtig Glück zu wünschen für Ihren weiteren Lebensweg, auf dem Sie, hoffen wir, noch recht lange mit unermüdlicher Kraft zum Besten des deutschen Rechtes und damit des deutschen Volkes Hervorragendes schaffen mögen.

Ein anerkannter und populärer Rechtswissenschaftler und Praktiker auf der Höhe seines Lebens mit Wünschen, die er später noch gut gebrauchen wird. Dass er sich auch in seiner juristischen Tätigkeit als national konservativ ausgerichteter Jurist den besonderen Anschauungen der Zeit nach

1933 durchaus öffnete, ergibt sich beispielsweise aus einer Rede, die er am 13. Februar 1936 in der Universität Rostock hielt und von der folgender Auszug in der „Deutsche(n) Justiz" am 23. Oktober 1936 auf der ersten Seite veröffentlicht wurde:

Wir sind wieder stolz, Deutsch zu sein.
Dieses Erleben des Volkes hat auch das Selbstbewusstsein des einzelnen Volksgliedes gestärkt. Jeder einzelne von uns weiß heute, dass nach altpreußischem Grundsatz auch dem Ärmsten sein Recht wird; er weiß, dass die starken Arme des Staates und der Partei ihn stützen; er weiß aber auch, dass der Geist der Gemeinschaft dank der planmäßigen Er-ziehungsarbeit im Dritten Reich so lebensvoll geworden ist, dass in immer steigendem Maße die Hilfsbereitschaft als Geist echter Kameradschaft an die Stelle des Rechtsbestreiten und der Rechtsbehinderung getreten ist. Damit hat auch für den wirtschaftlich Schwachen die Summe seiner Rechte wieder an Bedeutung gewonnen. Es lohnt wieder, sich mit seinem Rechtskreise zu beschäftigen. Damit wächst aber auch das Verständnis für die durch das Zusammenleben der Menschen bedingten Grenzen der Einzelrechte, das Verständnis dafür, dass Eigennutz an sich ohne Makel sein kann, dass er aber dem Gemeinnutz weichen muss, wenn er mit ihm in Widerstreit gerät. So erlebt man mit dem Bewusstsein seines Rechts auch das Bewusstsein der ihm entsprechenden Pflicht und Verantwortung.

Staatssekretär Dr. Schlegelberger
in der Universität Rostock am 13. Februar 1936

Nach dem überraschenden Tode des Reichsjustizministers Dr. Gürtner am 29. Januar 1941 konnte sich Hitler zunächst nicht für einen Nachfol-ger entscheiden. Schlegelberger wurde deshalb noch am selben Tage im Alter von 64 Jahren und damit kurz vor dem Ende seiner regulären Dienstzeit mit der Führung der Geschäfte des Reichsjustizminister-iums beauftragt. Er stand damit, wie sich zeigen sollte für die nächsten

Dr. Gürtner 1938

19 Monate, in der Funktion des Reichsjustizministers an der Spitze der Justiz und nahm diese Aufgabe engagiert an. In diesen 19 Monaten der Jahre 1941/42 hatte Schlegelberger zwar nicht den absoluten Höhepunkt seiner juristischen Karriere, das Ministeramt, erreicht. Er war aber mit der Leitung des Reichsjustizministeriums über einen längeren Zeitraum beauftragt und damit wie ein Minister für die Beschlüsse und Gesetzesvorlagen aus dem Ministerium letztendlich verantwortlich.

Schlegelberger begrüßt im September 1941 den ungarischen Justizminister Radocsay im Reichsjustizministerium; links Freisler und Unterstaatssekretär Hübner

In einem Grußwort zur Jahreswende 1941/42 wird deutlich, dass er auch diese Rolle, jedenfalls nach außen, uneingeschränkt angenommen hat (DJ 1942, S. 4):

Deutsche Justiz
Rechtspflege und Rechtspolitik

| 103. Jahrgang | Berlin, den 24. Oktober 1941 | Ausgabe A Nr. 43 |

Staatsfekretär Dr. Schlegelberger 65 Jahre alt   Phot.: Hoffmann

An alle meine Mitarbeiter!

Am Beginn des neuen Jahres stehen wir im größten Schicksalskampf unseres Volkes. Dem Ansturm des bolschewistischen Weltfeindes gegen die Grenzen Deutschlands ist der Führer mit raschem Entschluss zuvorgekommen. Gegen einen an Zahl weit überlegenen Gegner hat er die Deutsche Wehrmacht zu größten Erfolgen geführt. In unendlicher Dankbarkeit und höchstem Stolz blicken wir auf ihn und seine unvergleichliche Wehrmacht. In tiefer Ehrfurcht gedenken wir all derer, die in diesem heldenhaften Kampfe Leben und Gesundheit gaben, damit Deutschland lebe. Unsere Herzen sind bei unseren Kameraden, die draußen im Feindesland im Einsatz für Deutschlands Freiheit stehen.

Kameraden der Rechtspflege!

Wir wollen uns dieses Opfers bei unserer Arbeit in der Heimat würdig erweisen. In unserem täglichen Bemühen, nach besten Kräften am Weiterbau des nationalsozialistischen Rechtes zu arbeiten, soll uns die Erinnerung an den Mann vor Augen stehen, der im Jahre 1941 von uns gegangen ist, Reichsminister Dr. Gürtner. Mit seiner hohen Pflichttreue und seinem ernsten Gerechtigkeitsstreben wird er uns ein leuchtendes Vorbild bleiben. Jeder einzelne von uns wird auch im neuen Jahre in der klaren Erkenntnis, dass wir im entscheidenden Kampf unseres Volkes stehen, sein Bestes geben für Führer und Volk! Am Ende unserer Arbeit aber steht der deutsche Sieg!

So erneuern wir zur Jahreswende unser Gelöbnis steter Hingabe und Einsatzbereitschaft für unseren Führer Adolf Hitler!

Berlin, Ende Dezember 1941
Staatssekretär Dr. Schlegelberger
Mit der Führung der Geschäfte des Reichsministers der Justiz beauftragt.

Von dem Auftrag zur Führung der Geschäfte des Reichsministers der Justiz wurde er am 20. August 1942 durch die Ernennung eines neuen Reichsjustizministers entbunden und gleichzeitig auf seinen Antrag in den

Ruhestand versetzt. BBC London kommentierte das Ausscheiden Schlegelbergers aus dem Reichsjustizministerium mit dem Hinweis, dass

„damit der letzte wirkliche Vertreter des Rechts im edlen Sinne aus der deutschen Rechtssprechung ausgeschaltet worden ist."

Der Tag des Eintritts von Schlegelberger in den Ruhestand war nicht nur für Schlegelberger ein bedeutsames Datum. An diesem Tage wurden weitere bedeutsame personelle Entscheidungen an der Spitze der Deutschen Justiz im Dritten Reich vollzogen, die tiefgreifende inhaltliche Konsequenzen mit sich brachten. An diesem Tag wurde einmal der vormalige Präsident des Volksgerichtshofs Dr. Otto Thierack von Hitler zum Reichsjustizminister ernannt. Dieser erwies sich mit

Dr. Otto Thierack

den von ihm später veranlassten Richterbriefen und vor allem durch die Übertragung weiterer Justizzuständigkeiten an die SS und Gestapo als ein dem Führer ergebener Jurist. Zum einzigen Staatssekretär wurde der vormalige Präsident des Oberlandesgerichts Hamburg, Dr. Rothenberger, berufen. Freisler verließ am selben Tag das Reichsjustizministerium und übernahm das Amt des Präsidenten des Volksgerichtshofs mit den bekannten Folgen.

Hitler begrüßt Rothenberger, dazwischen Thierack; Schlegelberger fehlt auf dem Bild

Hitler empfing am 20. August 1942 Schlegelberger, Thierack und Rothenberger zu einem 20minütigen Gespräch in seinem Hauptquartier „Wehrwolf" bei Schitomir in der Ukraine. Dorthin waren sie am 19. August 1942 mit einem Flugzeug eingeflogen worden. Offiziell hieß es, der Führer habe Schlegelberger *„zur persönlichen Abmeldung empfangen".*

23

Am 26. August 1942 erfolgte die Übergabe der Amtsgeschäfte von Schlegelberger an Thierack. Von diesem denkwürdigen Tag sind einige Fotos erhalten. Ein Foto vermittelt recht gut die Atmosphäre und die außergewöhnlichen Verhältnisse der Justiz dieser Zeit. Es zeigt Schlegelberger bei der Begrüßungsansprache an den neuen Reichsjustizminister im Ministerium. Thierack trägt die braune Parteiuniform, das heißt er tritt sein Amt in Reitstiefeln, Reithose und brauner Uniformjacke an. Neben dem Teppich, auf dem Schlegelberger und Thierack stehen, steht in strammer Haltung und in der gleichen Aufmachung, allerdings zusätzlich mit einer roten Hakenkreuzbinde am Arm, der neue Staatssekretär Dr. Rothenberger. Der einige Meter von beiden entfernt stehende und um etwa einen Kopf kleinere grauhaarige Schlegelberger trägt die schwarze Beamtenuniform mit zahlreichen goldenen Rangabzeichen. Auf einem anderen Foto dieses Tages trägt Freisler ebenfalls diese Uniform.

Von links: Thierack, Rothenberger, Schlegelberger

Von links: Freisler, Schlegelberger Thierack, Rothenberger

Dass Hitler mit diesen personellen Veränderungen auch eine nach seiner Auffassung zu lasche Justiz, für die in seinen Augen auch Schlegelberger mitverantwortlich war, auf seinen Kurs bringen wollte, ergibt sich deutlich aus dem folgenden, am 20. August 1942 herausgegebenen, Erlass Hitlers:

Erlass des Führers über besondere Vollmachten des Reichsministers der Justiz

Zur Erfüllung der Aufgaben des großdeutschen Reiches ist eine starke Rechtspflege erforderlich. Ich beauftrage und ermächtige daher den Reichsminister der Justiz, nach meinen Richtlinien und Weisungen im Einvernehmen mit dem Reichsminister und Chef der Reichskanzlei und dem Leiter der Parteikanzlei eine nationalsozialistische Rechtspflege aufzubauen und alle dafür erforderlichen Maßnahmen zu treffen. Er kann hierbei von bestehendem Recht abweichen.

Führerhauptquartier, den 20. August 1942
Der Führer Adolf Hitler

Bemerkenswert an diesem Erlass, der am nächsten Tag im Reichsgesetzblatt veröffentlicht wurde, ist die offen formulierte Lossagung von der allgemeinen Geltung der Gesetze. Der Reichsjustizminister brauchte sich bei seinen Maßnahmen nicht mehr an das geltende Recht zu halten. Das wurde zwar auch schon vorher praktiziert, aber so deutlich noch nicht ausgesprochen. Formal bezog sich dabei Hitler auf seine Stellung als höchster „Gesetzgeber", der die Ermächtigung zur Abweichung von bestehendem Recht aussprechen konnte.

Thierack nahm diese Aufforderung an und erließ wenige Tage später an alle Justizmitarbeiter folgenden Antrittserlass:

Der Führer hat mich nicht nur in das Amt des Reichsministers der Justiz berufen, sondern hat mir die Aufgabe gestellt, eine starke, nationalsozialistische Rechtspflege aufzubauen. Dies werde ich fortan mit aller Kraft vorantreiben und dieses Ziel nie aus den Augen lassen. Ich bedarf hierzu der Mitarbeit aller mir unterstellten Menschen und Einrichtungen. Diese werden alle herangezogen werden, damit die Rechtspflege, die der Führer für sein Volk mir als Ziel gesetzt hat, lebendig wird. Der Krieg lässt nicht alles sofort durchführen, aber das kriegswichtige muss sofort durchgeführt werden und am Tage des Sieges muss diese deutsche Rechtspflege stehen, bereit, ihre für die Zukunft des Reiches so wichtige Aufgabe zu erfüllen.

Vor allem aber wende ich mich an die Richter, die in Zukunft als tragende Säule mitten im Gebäude der Deutschen Rechtspflege stehen werden. Recht sprechen bedeutet keine Übung eines geschulten Verstandes,

sondern das Ordnen von Lebensvorgängen im Volke. Ich will keine Rich-
ter sehen, deren Kunst sich darin erschöpft, das gesetzte Recht auf
den ihnen unterbreiteten Sachverhalt mehr oder weniger scharfsinnig
auszulegen. Das mögen Rechtsgelehrte tun, von denen das Volk kein
Urteil verlangt.

Der Richter ist der Beste und kann allein Anerkennung verdienen, dessen
Urteil das vom Volke getragene Rechtsgefühl verkörpert. Das gesetzte
Recht soll dem Richter hierbei helfen, nicht aber soll es den Richter
so beherrschen, dass er darüber die Verbindung zu dem Rechtsgefühl
seines Volkes verliert. Das Recht ist Leben, nicht die starre Form eines
Rechtsgedankens. Rechtsgestaltung ist lebenswahre Anwendung des
Rechtsgedankens, nicht die Auslegung toter Buchstaben. Ihnen zuliebe
darf das wirkliche Leben nicht zurechtgebogen werden.

Jedem Richter ist es unbenommen, sich an mich zu wenden, falls er
glaubt, durch das Gesetz gezwungen zu sein, ein lebensfremdes Urteil
zu fällen. In einem solchen Notfall wird es meine Aufgabe sein, das
Gesetz zur Verfügung zu stellen, das erforderlich ist.

Schlegelberger verließ nach dem Eintritt in den Ruhestand seine Dienst-
wohnung in der Teutonenstraße in Berlin-Nikolassee, die für einen Par-
teifunktionär gebraucht wurde. Er zog mit seiner Frau in ein schon 1917
erworbenes Sommerhaus in Lehnin westlich von Berlin kurz vor dem
Berliner Ring. Dort lebte er in den folgenden Kriegsjahren relativ zu-
rückgezogen und war u. a. Mitglied im Kirchenvorstand der Ev. Kirchengemeinde Lehnin. Die meisten Möbel hatte er in Frankfurt/Main bei
einem Spediteur untergestellt, weil er beabsichtigte, nach Kriegsende
nach Süddeutschland zu ziehen. Die Möbel sind 1945 bei einem Luftan-
griff verbrannt.

Nach dem Ende des Krieges und dem Einmarsch der sowjetischen Truppen
übernahm er auf deren Befehl kurzzeitig das Amt des Bürgermeisters von

Lehnin. Als er in Berlin nach seiner früheren Wohnung sehen wollte, wurde er im Juni 1945 von amerikanischen Truppen verhaftet.

Am 20. November 1945 wurde in Nürnberg der Hauptkriegsverbrecherprozess eröffnet. Am 2. August 1946 wurde Schlegelberger in diesem Verfahren als Zeuge vernommen. Im Anschluss an den Hauptkriegsverbrecherprozess wurden 12 weitere Verfahren gegen Offiziere der Wehrmacht, KZ-Ärzte, Industrielle, Juristen, Beamte des Auswärtigen Amtes, Mitglieder der NSDAP usw. durchgeführt. Das Verfahren gegen die Juristen war der dritte Folgeprozess und wurde als „Fall III" bezeichnet.

Schlegelberger wurde 1947 in Nürnberg vor dem zu diesem Zweck aus amerikanischen Richtern gebildeten Militärgerichtshof III der Vereinigten Staaten mit weiteren 15 Juristen als der zu dieser Zeit ranghöchste noch lebende Justizjurist des Dritten Reiches angeklagt. Andere Spitzenbeamte und Richter waren nicht mehr am Leben. Reichsjustizminister Thierack hatte 1946 in einem englischen Lager Selbstmord begangen. Reichsgerichtspräsident Bumke hatte schon am 20. April 1945 beim Einmarsch der US-Truppen in Leipzig seinem Leben ein Ende gesetzt. Freisler war am 3. Februar 1945 in Berlin durch eine Fliegerbombe getötet worden.

Neben Schlegelberger wurden u.a. noch seine Nachfolger, die Staatssekretäre Rothenberger und Klemm, angeklagt. Die Anklage des vom 17. Februar bis 4. Dezember 1947 dauernden Prozesses umfasste vier Anschuldigungspunkte:

1. Verschwörung zur Begebung von Kriegsverbrechen und Verbrechen gegen die Menschlichkeit
2. Kriegsverbrechen, das heisst Verletzung von Kriegsrecht und Kriegsbrauch zwischen September 1939 und April 1945
3. Verbrechen gegen die Menschlichkeit zwischen September 1939 und April 1945
4. Zugehörigkeit zu verbrecherischen Organisationen

Schlegelberger wurde von Rechtsanwalt Dr. Egon Kubuschok aus Honnef/ Rhein verteidigt. In der am 6. März 1947 begonnenen Beweisaufnahme wurden 138 Zeugen gehört, 2.093 Beweisstücke geprüft und zahlreiche Einzelvorgänge erörtert. Schlegelberger wurde an vier Verhandlungstagen Ende Juni und am 1. Juli 1947 vernommen. Schlegelberger erklärte dabei unter anderem:

Es ist auch mir heute schwer, mich in die damalige Zeit zurückzuversetzen und sie mir zu vergegenwärtigen. In einem bis ins kleinste durchgearbeiteten System stand gewissermaßen als einsame, immer wieder umbrandete Insel in diesen Tagen die Justiz. Ich musste es erleben, wie die Gewalt immer wieder anstürmte, und wie man dieser Gewalt, um sie nicht völlig triumphieren zu lassen, gewisse Opfer bringen musste.

Im Schlussplädoyer am 13. Oktober 1947 erklärte der Anklagevertreter über Schlegelberger u.a.

... Seine Verteidigung zerfällt im wesentlichen in zwei in der ganzen Welt bekannte Kategorien; eine davon ist die Verteidigung, dass `dies ein braver Junge ist, der in schlechte Gesellschaft geriet´ und die andere läuft auf das folgende hinaus: Wenn er nicht die Methoden ausgearbeitet hätte, bei denen nur fünf Personen getötet wurden, dann hätten Hitler, Himmler, Bormann und Goebbels 25 getötet ... Die Akten in diesem Prozess zeigen uns einen schwachen Menschen, der es besser wusste, aber dieser Mann beging Verbrechen wissentlich, willentlich und ohne Zwang.

Der Verteidiger sah dies völlig anders. In seinem Schlussplädoyer am 14. Oktober 1947 erwiderte Dr. Kubuschok u.a.

Es ist so mühelos, alle diejenigen zu verdammen, die in diesem Staate in einer führenden Stellung auf ihrem Posten geblieben sind. Der Staat war schlecht, also waren auch seine Mitarbeiter schlecht. Ist diese billige Schlussfolgerung nicht längst durch die Erkenntnis überholt, dass gerade die in ihrer Stellung verbliebenen Beamten `alter Schule´ noch lange all das erhalten haben, was die Partei seit ihrer `Machtübernahme´ im Jahre 1933 zu stürzen bemüht war?

Am 18. Oktober 1947 hielt Schlegelberger, der als Hauptangeklagter und in der Reihenfolge der Sitzplätze als erster zu sprechen hatte, folgendes Schlusswort:

Weltberühmt ist das Wort des Papstes Gregor VII.: „Ich liebte die Gerechtigkeit und hasste die Willkür. Deshalb sterbe ich in der Verbannung." Ich habe die Zuversicht, dass mir ihr Urteil dieses Schicksal ersparen wird. Aber auch ich konnte in der Gefangenschaft die Bitternis nicht unterdrücken, dass mir als Lohn für den schweren Kampf um das Recht diese Zeiten der Schmach und des Elends zuteil wurden. Die Vorwürfe und Kränkungen des Anklägers treffen mich nicht. Mein Leben ist mit dem Vorsatz zu einem Verbrechen nicht zu vereinbaren. Der Versuch, den angeblichen Mythos um meine Person dadurch zu zerstören, dass man einem Mann, der in Ehren grau geworden ist, mit Beleidigungen überschüttet, musste missglücken. Trotz der Zahl meiner Jahre ist mir meine Verteidigung leicht geworden, ich brauchte ja dem hohen Gericht nur die Wahrheit zu sagen, und ich habe dieses getan in dem festen Vertrauen auf den Sieg der Wahrheit und mit dem unbeugsamen Stolz eines reinen Gewissens.

Schlegelberger bei seinem Schlusswort im Nürnberger Prozess

Mit dem nach sechswöchiger Beratung am 3. und 4. Dezember 1947 verkündeten Urteil wurde Schlegelberger der Anklagepunkte 2) und 3) (Kriegsverbrechen und Verbrechen gegen die Menschlichkeit) für schuldig befunden und zu lebenslänglichem Gefängnis verurteilt. Aus diesem Urteil sollen zwei kurze Auszüge zitiert werden, weil sie die Gründe der Verurteilung erkennen lassen und bedeutsam sind für das Verständnis des späteren verwaltungsgerichtlichen Verfahrens.

In einer Art Allgemeinem Teil wird im Urteil vorausschickend festgestellt:

Keiner der Angeklagten ist in der Anklageschrift der Ermordung oder der Misshandlung irgendeiner bestimmten Person beschuldigt. Die Angeklagten sind solch unermesslicher Verbrechen beschuldigt, dass bloße Einzelfälle von Verbrechenstatbeständen im Vergleich dazu unbedeutend erscheinen. Die Beschuldigung, kurz gesagt, ist die der bewussten Teilnahme an einem über das ganze Land verbreiteten und von der Regierung organisierten System der Grausamkeit und Ungerechtigkeit unter Verletzung der Kriegsgesetze und der Gesetze der Menschlichkeit, begangen im Namen des Rechts unter der Autorität des Justizministeriums und mit Hilfe der Gerichte. Der Dolch des Mörders war unter der Robe des Juristen verborgen. Die Akten über diesen Prozess sind übervoll von Beweisen für verbrecherische Einzelhandlungen Sie geben Beweis für die vorsätzliche Teilnahme der Angeklagten und dienen zur Erläuterung der Art und Mitwirkung der größeren Verbrechen, deren sie in der Anklageschrift beschuldigt werden.

In den weiteren Gründen wird das Verhalten Schlegelbergers in einzelnen Vorgängen, auf die noch später eingegangen wird, gewürdigt. Ausführlich setzt sich das Gericht am Ende des Urteils mit der Verteidigung Schlegelbergers auseinander:

Schlegelberger führt eine interessante Verteidigung, die zu einem gewissen Grade alle Angeklagten für sich in Anspruch nehmen. Er versichert, dass die Justizverwaltung dauernden Angriffen von Seiten Himmlers und anderer Verfechter des Polizeistaates ausgesetzt war. Dies trifft zu. Er behauptet, dass, wenn die gesetzlosen Kräfte unter Hitler und Himmler die Funktionen der Justizverwaltung an sich gerissen hätten, der Zustand im Volk schlimmer gewesen wäre, als er so war. Er fürchtete, dass bei seinem Ausscheiden ein Schlimmerer seine Stelle einnehmen würde. Wie die Ereignisse beweisen, ist auch in dieser Behauptung viel Wahrheit enthalten. Unter Thierack hat die Polizei die Funktion der Justizverwaltung an sich gerissen und ungezählte tausende von Juden und politische Gefangene ermordet. Diese einleuchtend klingende Behauptung der Verteidigung hält, wenn näher betrachtet, weder der Wahrheit, noch der Logik oder den Umständen stand.

Das Beweismaterial ergibt schlüssig, dass, um das Justizministerium bei Hitler in Gnaden zu erhalten und um seine völlige Unterwerfung unter Himmlers Polizei zu verhindern, Schlegelberger und die anderen Angeklagten, die diese Rechtfertigung für sich in Anspruch nehmen, die schmutzige Arbeit übernahmen, die die Staatsführer forderten und das Justizministerium als ein Werkzeug zur Vernichtung der jüdischen und polnischen Bevölkerung, zur Terrorisierung der Einwohner der besetzten Gebiete und zur Ausrottung des politischen Widerstandes im Inland benützten. Dass ihr Programm einer rassischen Vernichtung unter dem Deckmantel des Rechts nicht die Ausmaße annahm, die durch die Pogrome, Verschleppung und Massenmorde durch die Polizei erreicht wurden, ist ein schwacher Trost für diejenigen, die dieses „Rechtsverfahren" überlebten und ist eine fadenscheinige Entschuldigung vor diesem Gerichtshof. Die Preisgabe des Rechtssystems eines Staates zur Erreichung verbrecherischer Ziele untergräbt dieses mehr als ausgesprochene Gräueltaten, welche den Talar des Richters nicht besudeln. Schlegelberger schied aus. Die Gräueltaten des Systems, zu dessen Entstehung er geholfen hatte, wurden zuviel für ihn, aber er schied zu spät aus. Der Schaden war angerichtet. Wenn die Justiz tausende hinschlachten konnte, warum *sollte die Polizei dann nicht Zehntausende hinschlachten? Die Folgen, die Schlegelberger befürchtet hatte, traten wirklich ein. Die Polizei, von Thierack unterstützt, blieb Sieger, Schlegelberger hatte versagt. Seine zögernden Ungerechtigkeiten befriedigten die dringenden Forderungen der Stunde nicht mehr. ... Wir geben uns keiner falschen Auffassung hin. Schlegelberger ist eine tragische Gestalt. Er liebte das Geistesleben, die Arbeit des Gelehrten. Wir glauben, er verabscheute das Böse, das er tat, aber er verkaufte diesen Intellekt und dieses Gelehrtentum an Hitler für ein politisches Linsengericht und für die eitle Hoffnung persönlicher Sicherheit.*

Neben Schlegelberger wurden noch drei weitere Angeklagte zu lebenslanger Haft, sieben zu Haftstrafen zwischen 5 und 10 Jahren und vier Angeklagte freigesprochen. Das Urteil wurde in den folgenden Jahrzehnten in der deutschen Rechtswissenschaft und der juristischen Praxis nicht akzeptiert und negiert. Man befand es als Siegerjustiz, die mit neuen Vorschriften unter Verstoß gegen das Rückwirkungsverbot kriegserforderliche Maßnahmen an einem höherrangigen Recht maßen, dem sich die Sieger mit ihren Kriegsverbrechen nicht zu stellen hatten. Dazu kam, dass die einzige höchst unvollständige Veröffentlichung im Jahre 1948 angeblich wegen Papiermangels in nur geringer Auflage erschienen war und das Protokoll der Verhandlung mit seinen 10650 Seiten nur in einigen Universitätsbibliotheken greifbar war. Ich habe 1987 ein Exemplar des Protokolls in der Göttinger Universität gefunden. Erst 1985 erschien, allerdings wieder unvollständig, ein Auszug des Urteils in der Bundesrepublik. 1996 ist das Urteil erstmals vollständig veröffentlicht worden, (vgl. dazu Bästlein, Der Nürnberger Juristenprozess und seine Rezeption in Deutschland, in Peschel-Gutzeit, Das Nürnberger Juristenurteil, 1996) Schlegelberger blieb nach seiner Verurteilung in Haft. Er befand sich wegen Herzproblemen lange im Lazarett und wurde wie alle anderen in den Nürnberger Prozessen Verurteilten im September 1948 in das Gefängnis in Landsberg in Bayern verlegt. Aus seiner Zelle, die er mit bis zu vier Mitgefangenen teilte, schreibt er:

Wenn ich nach einem langen Leben, das nur der Arbeit und meiner Familie gewidmet war, die letzten Tage dieses Lebens in Unehre hinter Gefängnismauern verbringen muß, so trifft mich das deswegen besonders schwer, weil ich in allen meinen Handlungen nur das Beste gewollt habe. Dieses Los ist für mich umso bitterer, wenn ich an meine Familie denke, die hilflos zusehen muß, wie ich unter schwersten körperlichen Leiden in der Gefangenschaft zugrunde gehe.

1950 wurde Schlegelberger aus gesundheitlichen Gründen zunächst vorläufig, im Januar 1951 endgültig aus der Haft entlassen. Er nahm nach seiner Haftentlassung im Jahre 1951 seinen Wohnsitz bei seinem Sohn Hartwig in Flensburg. Der noch nicht verbüßte Teil der Strafe wurde ihm durch eine Anordnung des Botschafters der Vereinigten Staaten im Jahre 1957 endgültig erlassen.

Vor einem deutschen Gericht wurde gegen Schlegelberger kein Strafverfahren durchgeführt. Der Oberstaatsanwalt beim Landgericht Flensburg beantragte im Jahre 1959 die Eröffnung einer gerichtlichen Voruntersuchung gegen Schlegelberger. Diesen Antrag lehnte das Schleswig-Holsteinische Oberlandesgericht mit Beschluss vom 1. Februar 1960 ab, weil einer Strafverfolgung der am 5. Mai 1955 in Kraft getretene Überleitungsvertrag entgegenstehe.

Im Entnazifizierungsverfahren wurde Schlegelberger mit Bescheid vom 4. Juli 1951 in die Gruppe V, das heißt die niedrigste Gruppe, eingestuft. In der Folgezeit widmete er sich seinen wissenschaftlichen Arbeiten. Er gab Neuauflagen seines Kommentars zum Handelsgesetzbuch heraus und veröffentlichte 1958 erstmals einen Kommentar zum Seehandelsrecht. Im Alter von 94 Jahren starb er am 14. Dezember 1970 im Kreise seiner Familie in Flensburg.

Das Verwaltungsverfahren zum Entzug der Versorgungsbezüge

Schlegelberger wurden auf seinen Antrag hin rückwirkend zum 1. April 1951 als ehemaligem Reichsbeamten beamtenrechtliche Versorgungsbezüge nach dem Gesetz zu Artikel 131 GG entsprechend seinem Rang als ehemaligem Staatssekretär bewilligt.

Schon vor der Bewilligung und auch in der Zeit danach äußerte der dafür zuständige Finanzminister des Landes Schleswig-Holstein Bedenken wegen der Zubilligung der Versorgungsbezüge. Er regte bei den Bundesministern des Inneren, der Finanzen und der Justiz unter Hinweis auf das Nürnberger Urteil nachhaltig an, gegen Schlegelberger gem. § 9 des Gesetzes zu Artikel 131 GG ein förmliches Disziplinarverfahren mit dem Ziel der Aberkennung der Versorgungsbezüge einzuleiten. Ein Disziplinarverfahren, das nach der damaligen Rechtslage die Möglichkeit eröffnet hätte, Schlegelberger den Anspruch auf seine Ruhebezüge zu entziehen, wurde zu keinem Zeitpunkt gegen ihn eingeleitet.

Die Rechtslage über die Gewährung der beamtenrechtlichen Versorgung änderte sich im Jahre 1957. Mit dem 2. Änderungsgesetz zum Gesetz zu Artikel 131 GG beschloss der Bundestag am 11.September 1957 durch Einfügung des § 3 Nr. 3 a folgende Regelung:

Rechte nach Kapitel I dieses Gesetzes haben nicht die ... Personen... die durch ihr Verhalten während der Herrschaft des Nationalsozialismus gegen die Grundsätze der Menschlichkeit oder Rechtsstaatlichkeit verstoßen haben.

Eine Reaktion der Verwaltung nach dem Inkrafttreten dieses Gesetzes erfolgte zunächst nicht. Schlegelberger veröffentlichte im Jahre 1959 einen Aufsatz, den er schon 1928 publiziert hatte, „Zur Rationalisierung der Gesetzgebung", in dem er sich kritisch mit der parlamentarischen

Gesetzgebung auseinander setzte. Wohl dadurch, aber auch durch den Beginn einer kritischen Auseinandersetzung mit der Justiz im Dritten Reich und den damit verbundenen Fragen nach dem Verbleib und den jetzigen Tätigkeiten der damaligen Richter und Beamten, begann auch nach erheblichem Druck in der Öffentlichkeit eine neue Prüfung der Rechtmäßigkeit der beamtenrechtlichen Versorgung Schlegelbergers. Der Finanzminister des Landes Schleswig-Holstein stellte mit Bescheid vom 3. September 1959, das heißt zwei Jahre nach Inkrafttreten der genannten Regelung und über acht Jahre nach der Bewilligung der Versorgungsbezüge, fest, dass Schlegelberger gemäß § 3 Nr. 3 a des Gesetzes zu Artikel 131 GG keine Rechte nach Kapitel I dieses Gesetzes zustehen, weil er durch sein Verhalten in den Jahren 1939 bis 1942 gegen Grundsätze der Rechtsstaatlichkeit verstoßen habe.

Konkret bedeutete das für Schlegelberger: Mit dem Eintritt der Bestandskraft dieser Entscheidung hätte er seinen Anspruch auf Ruhegehalt aus seinem Amt als Staatssekretär verloren. Sein Ruhegehalt betrug im Jahre 1959 monatlich brutto 2.894,08 DM und netto 2.010,78 DM. Zum Vergleich: Das durchschnittliche Nettoeinkommen eines Arbeitnehmers Anfang 1960 betrug 535,60 DM. Ein Rentner mit 45 Versicherungsjahren erhielt im Durchschnitt eine Monatsrente von 319,40 DM. Beim Verlust der beamtenrechtlichen Versorgung hätte Schlegelberger seine Nachversicherung in der gesetzlichen Rentenversicherung beanspruchen können. Wegen der gesetzlichen Begrenzung der Höchstbeiträge und der Höchstrenten hätte er in diesem Fall eine Rente von monatlich etwa 475,- DM erhalten.

Der Aberkennungsbescheid vom 3. September 1959 ist fünf Seiten lang und bezieht sich auf vier Vorgänge aus der Amtszeit von Schlegelberger als amtierendem Reichsjustizminister. Er habe am 10. März 1941 ein Schreiben an Hitler gerichtet, in dem er sein Bemühen gezeigt habe, die Justiz immer fester in den nationalsozialistischen Staat einzuordnen. Auf einen ihm übermittelten Führerbefehl habe er am 29. Oktober

1941 den zu zwei Jahren und sechs Monaten Gefängnis verurteilten jüdischen Kaufmann Luftglas der Geheimen Staatspolizei „zur Exekution" überstellt. Die von ihm entworfene und am 4. Dezember 1941 in Kraft getretene Verordnung über die Strafrechtspflege gegen Polen und Juden in den eingegliederten Ostgebieten habe ein Sonderstrafrecht geschaffen, mit dem Polen und Juden schwersten terroristischen Bestimmungen unterworfen gewesen seien und weitgehend ihr Recht verloren hätten, sich hiergegen mit Rechtsmitteln zu wehren. Den Prozess vor dem Volksgerichtshof gegen den Juden Sklarek habe er in einem Schreiben vom 27. Mai 1942 an mehrere Reichsminister zum Anlass genommen, für schwere Fälle der Vorbereitung zum Landesverrat eine Rückwirkung der Strafvorschriften vorzuschlagen. Schlegelberger sei wohl bestrebt gewesen, den Gedanken des Rechts und des Rechtsstaates nach Möglichkeit aufrecht zu erhalten. In Übereinstimmung mit dem Nürnberger Urteil sei auch anzunehmen, dass er noch Schlimmeres habe verhüten wollen und eine Zeit lang auch verhütet habe. Dennoch habe er mit seinem Verhalten gegen die Grundsätze der Rechtsstaatlichkeit verstoßen, was außerordentlich schwerwiegend für die Betroffenen gewesen sei.

Schlegelberger legte gegen diesen Bescheid am 24. September 1959 Widerspruch ein. Bereits 13 Tage später wies der Finanzminister des Landes Schleswig-Holstein den Rechtsbehelf mit Widerspruchsbescheid vom 7. Oktober 1959 zurück. Zur Begründung bezog er sich im Wesentlichen auf die Gründe des angefochtenen Bescheides.

Schon im Verwaltungsverfahren hatten sich prominente Zeitgenossen zu Wort gemeldet, die versuchten, die Behörde von ihrem Entschluss abzubringen. Als Beispiel, der auch die Stimmung in den akademischen Kreisen gut zum Ausdruck bringt, sei ein Brief des Rechtswissenschaftlers Prof. Dr. Fritz von Hippel aus Freiburg zitiert, der am 21. September 1959 und damit wenige Tage vor dem Erlass des Bescheides an den Finanzminister des Landes Schleswig-Holstein schreibt:

Betreff: Versorgungsentzug gegenüber dem Staatssekretär Dr. Schlegelberger

...

Hingegen erscheint mir die Herrn Staatssekretär a.D. Schlegelberger zuteil gewordene gleiche Behandlung gerade auf diesem Hintergrunde immer fragwürdiger und zugleich unabsehbarer in ihren Konsequenzen für das allgemeine Rechtsbewusstsein unserer Juristenwelt. Denn Herr Schlegelberger war, wie jedermann weiß, nach Herkunft und Gesinnung gleichermaßen ein ausgesprochener Vertreter des Rechtsstaates. Und er versuchte in einer Amts- und Rangstellung, die er in ganz der gleichen Weise schon vor 1933 in hohem Ansehen einnahm und nicht etwa dem Dritten Reiche verdankte, das Reichsjustizministerium als einen vieljährigen Hort echter Gesetzlichkeit abzuschirmen gegen den Nationalsozialismus, dem ein solches Justizwesen von Anbeginn ein Dorn im Auge war und der dies Bollwerk daher alsbald durch die beiden miteinander rivalisierenden Nazijuristen Hans Frank und Roland Freisler zu erobern und im Sinne einer rein „politischen" Justiz umzugestalten gedachte. Jeder, der diese Verhältnisse miterlebte, musste es damals noch als ein Glück im Unglück ansehen, wenn in dieser revolutionären Lage die fachlich und charakterlich bewährten Kräfte ihrer Ämter weiter beibehielten und sie, wenngleich unter schmerzlichen Konzessionen, im Rahmen des ihnen noch möglichen sachlich weiterführten. Ein Ergebnis, das sich, mochte es bescheiden genug ausfallen, ebenfalls nur in tagtäglichen und zermürbenden Kämpfen mit der Wildheit und Unsachlichkeit des „Führers" und seiner vielen Amtsträger und Organisationen erreichen ließ.

...

Er musste hinnehmen und notfalls sogar mit guter Miene mitmachen, was er nicht verhindern konnte, um auf solche Weise unter Meidung eines billigen offenen Eklats wenigstens das zu retten, was bei einem solchen Nachfolger ebenfalls verloren war. Und so wenig beneidenswert diese seine Rolle war, so durchaus notwendig oder doch achtenswert war sie doch unter den nun einmal wider Herrn Schlegelbergers Wollen und Wirken eingetretenen tumultuarischen Gesamtverhältnissen. Ja man

38

hätte ihn, versetzt man in jene Zeit und Geisteslage sich zurück, gerade als ein selber rechtlich Gesonnener ihn darum bitten müssen, nicht den nach Alter und Verdienst ihm damals weit offen stehenden bequemen Weg ehrenvoller Pensionierung zu gehen, sondern das große Opfer zu bringen, sich nach Kräften im Amte weiter zu behaupten.

Und von hier aus empfinde ich die Aberkennung der Versorgungsrechte gegenüber einem Manne von auch vielfachem hohem Verdienst selbst dann als alarmierend, wenn er in einer offenbaren Zwangslage, um anderes zu retten, Dinge formell gutgeheißen und mitgemacht hätte, die er ohne eine solche Zwangslage mit Abscheu hätte zurückweisen müssen. Und ich frage mich, wie eine solche Entscheidung auf eine weitere Juristenwelt sich auswirken wird, die noch immer in einer kritischen Gesamtlage dasteht, und in der „die Angst", um mich soldatisch auszudrücken, leicht „größer ist als die der Vaterlandsliebe". Werden unsere jüngeren Kräfte sich nicht fortan hüten und hüten müssen, riskante Posten anzunehmen und durchzustehen, wenn sie sich hinterdrein auch als gut gewillte derart misshandelt sehen, während sie bei einem egoistisch-bequemen Abschluss an die große „ohne mich" Bewegung Ehre und materielle Sicherheit behalten hätten? Mir scheint, diese Frage stellen heißt auch sie bejahen, wenn man von der ganz kleinen und in allen Lebensverhältnissen überaus seltenen Schar derjenigen absieht, die sich Gott zu Ehren zu leben entschlossen haben. Ich bitte noch mal ergebenst, den Fall einer nochmaligen Überprüfung zu unterziehen …

Mit verbindlicher Empfehlung
Ihr sehr ergebener F. v. Hippel

Das Klageverfahren vor dem Verwaltungsgericht

Schlegelberger erhob am 31. Oktober 1959 Klage beim Landesverwaltungsgericht Schleswig (Az 5 K 198/59). In dem gesamten Verwaltungsgerichtsverfahren ließ sich Schlegelberger von Rechtsanwalt Dr. Egon Kuboschok aus Honnef/Rhein, der ihn schon im Nürnberger Prozess verteidigt hatte, und von Rechtsanwalt Dr. Kurt Morath aus Hamburg vertreten.

Zur Klagebegründung hat er im Einzelnen ausgeführt: Die Bescheide seien rechtswidrig, weil er im Jahre 1959 darauf vertrauen durfte, dass ihm die Versorgungsbezüge nicht wieder aberkannt würden. Als ihm im Jahre 1952 seine beamtenrechtlichen Versorgungsbezüge zuerkannt worden seien, hätten seine vollständigen Personalakten und das Nürnberger Urteil den zuständigen Behörden vorgelegen. In Kenntnis dieser Dokumente habe der Bundesminister des Inneren sieben Jahre lang von der Einleitung eines Disziplinarverfahrens gegen ihn abgesehen. Daher habe er nicht mehr zu erwarten brauchen, dass der Finanzminister des Landes Schleswig-Holstein die Feststellung treffen werde, er könne keine Versorgungsbezüge mehr beanspruchen. Er habe das 80. Lebensjahr überschritten und sich auf die ihm zustehenden Versorgungsbezüge eingerichtet.

Rechtswidrig seien die angefochtenen Bescheide auch, weil nur das objektive Geschehen dargestellt, nicht aber geprüft worden sei, ob ihm sein Verhalten auch subjektiv vorgeworfen werden könne. Es sei nicht möglich, aus der Fülle seiner Arbeit willkürlich Einzelfälle herauszugreifen. Vielmehr müsse sein Gesamtverhalten unter Berücksichtigung aller Umstände gewürdigt werden. Unter den damals widrigen Verhältnissen sei er nach sorgfältiger Gewissensprüfung nur im Amt geblieben, um dem Gedanken des Rechts nach Möglichkeit Geltung zu verschaffen. Durch vorsichtiges Lavieren habe er Befehle Hitlers gegenstandslos machen oder doch abschwächen können. Das sei allerdings nur unter schmerzlichen Konzessionen möglich gewesen, weil er im ständigen Kampf gegen Eingriffe der Partei, der SS, der Gestapo und auch Hitlers in die Rechtspflege gestanden habe. Nur unter Berücksichtigung dieser Verhältnisse sei sein Verhalten verständlich, das ihm jetzt vorgehalten werde. Er habe bei den zahlreichen Angriffen gegen nicht genehme Straf- und Zivilurteile versucht, durch ein weiteres gerichtliches Verfahren die Entscheidungen im Bereich der Gerichte zu halten.

Die weitere Wiedergabe seines Vortrages ist hier entbehrlich, weil darauf ausführlich bei der Schilderung des Berufungsverfahrens eingegangen wird.

Der beklagte Finanzminister ist dem Vorbringen entgegengetreten.

Das Landesverwaltungsgericht Schleswig hat mit seinem Urteil vom 8. November 1960 der Klage Schlegelbergers entsprochen und die angefochtenen Bescheide aufgehoben. Zur Begründung hat das Gericht im Wesentlichen ausgeführt, § 3 Nr. 3 a Gesetz 131 stehe mit dem Grundgesetz im Einklang. Seiner Anwendung auf den Kläger ständen beamten- oder versorgungsrechtliche Grundsätze wie Vertrauensschutz oder Verwirkung nicht entgegen. Der Kläger habe verschiedene Pflichtwidrigkeiten (gemeint sind die ihm vorgeworfenen Verstöße gegen Grundsätze der Rechtsstaatlichkeit) zu verantworten.

Die Bescheide müssten jedoch aufgehoben werden, weil Schlegelberger sich nicht schuldhaft, das heißt nicht subjektiv vorwerfbar verhalten habe. Die Besonderheit seines Verhaltens bestehe darin, dass er in den Konflikten pflichtwidrig nur in der Absicht gehandelt habe, schlimmeres Unrecht zu verhüten. Eine solche Absicht könne, wenn sie auf ein anzuerkennendes rechtsstaatliches Ziel gerichtet sei, zwar die objektive Pflichtwidrigkeit nicht ausschließen. Dem so handelnden Kläger habe aber das Bewusstsein der Pflichtwidrigkeit gefehlt. Dies sei rechtserheblich, weil § 3 Nr. 3 a Gesetz 131 Verschulden voraussetze und das Unrechtsbewusstsein wesentlicher Bestandteil des Schuldvorwurfs sei. Seine Konflikte als Staatssekretär seien vergleichbar mit denen eines Richters, der in der Nazizeit einen Beschuldigten ohne Haftgründe in Haft genommen oder gegen einen unschuldigen Angeklagten auf Freiheitsstrafe erkannt habe, um ihn dem Zugriff der Gestapo zu entziehen.

Das Berufungsverfahren vor dem Oberverwaltungsgericht Lüneburg

Das Land Schleswig-Holstein legte gegen das Urteil fristgemäß Berufung bei dem dafür zuständigen Oberverwaltungsgericht Lüneburg ein (Az 5 OVG A 144/60). Im Berufungsverfahren ist später der Innenminister an die Stelle des ursprünglich für das Land Schleswig-Holstein aufgetretenen Finanzministers getreten.

Im Berufungsverfahren, offenbar aufgeschreckt durch das Ergebnis der ersten Instanz, gewinnt man den Eindruck, dass das Verfahren jetzt erstmals von den beteiligten Behörden mit dem notwendigen Einsatz und Ernst betrieben wird. So bevollmächtigte der zunächst noch zuständige Finanzminister des Landes Schleswig Holstein zu seiner Prozessvertretung den damals noch jungen Rechtsanwalt Dr. Konrad Redeker aus Bonn, der später einer der renommiertesten Rechtsanwälte der Bundesrepublik für Öffentliches Recht wurde. In dessen 94 Seiten langer Berufungsbegründung werden in das Verfahren zahlreiche neue Tatsachen und Dokumente aus der Tätigkeit Schlegelbergers im Reichsjustizministerium eingeführt. Weiter wurde durch den für das Verfahren zuständigen 5. Senat des Oberverwaltungsgerichts mit Beschluss vom 31. Januar 1961 gegen ihren ausdrücklichen Willen die Bundesrepublik Deutschland zu dem Rechtsstreit beigeladen, weil die Versorgungsansprüche von Schlegelberger gemäß § 57 Gesetz 131 dem Bund zur Last fielen und die Länder nur gemäß § 56 Gesetz 131 für den Bund die Versorgungsansprüche auszahlten.

Das beklagte Land Schleswig-Holstein hat vorgetragen, dass die neu in das Verfahren eingebrachten Vorgänge erst jetzt nach Einsicht in verschiedene Archive bekannt geworden seien. Dabei handelte es sich allerdings im wesentlichen um Vorgänge, die schon im Urteil des Nürnberger Juristenprozesses im Jahre 1947 ausführlich behandelt und im Urteil gegen Schlegelberger verwertet worden waren. Schlegelberger hat in seiner umfangreichen Verteidigung nicht bestritten, dass die Tatsachen im Wesentlichen richtig dargestellt sind. Er hat sich vor allem darauf konzentriert, dass die Vorgänge anders als vom beklagten Land zu bewerten und zu würdigen seien.

Anstelle der bisher auf vier einzelne Vorgänge beschränkten Vorwürfe werden Schlegelberger nunmehr mit der Berufung im Wesentlichen sechs Tätigkeitskomplexe oder Vorgänge des Reichsjustizministeriums vorgehalten, die fast alle in den Jahren 1941/42, als Schlegelberger dem Ministerium vorstand, bearbeitet wurden und mit denen Schlegelberger gegen rechtsstaatliche Grundsätze verstoßen haben soll.

Die Vorwürfe

1. Er habe Bestrebungen zur Beseitigung der richterlichen Unabhängigkeit nur geringen Widerstand entgegengesetzt und sich in weitem Umfang zur Steuerung der Rechtspflege bekannt (1. Hauptvorwurf).
2. Er habe den Entwurf der Verordnung über die Strafrechtspflege gegen Polen und Juden in den eingegliederten Ostgebieten vom 04.12.1941 (RGBl I S. 759) zu verantworten (2. Hauptvorwurf).
3. Zu beanstanden sei sein Verhalten bei der Vorbereitung der sogenannten „Endlösung der Judenfrage".
4. Er habe durch die Verordnung zur Ausführung des sogenannten Nacht- und Nebelerlasses vom 07.02.1942 die Justiz zu rechtsstaatswidrigen Zwecken missbraucht.
5. Er habe an dem Gesetz zur Ergänzung der Vorschriften gegen Landesverrat vom 22.11.1942 (RGBl I S. 668) mitgewirkt, das mit rechtsstaatlichen Vorstellungen unvereinbar sei.
6. Er habe sich im Rahmen der so genannten „Euthanasieaktion" rechtsstaatswidrig verhalten.

Zu I. Steuerung der Rechtspflege

Mit dem als erstem Hauptvorwurf bezeichneten Vorwurf wird Schlegelberger vorgehalten, er habe den Bestrebungen der nationalsozialistischen
Machthaber zur Beseitigung der richterlichen Unabhängigkeit nur geringen
Widerstand entgegengesetzt und sich in weitem Umfang zur Steuerung
der Rechtspflege bekannt.

Schlegelberger habe sich schon 1939 an der Einführung außeror-
dentlicher Rechtsmittel beteiligt, die eine in legale Form gekleidete
Einflussnahme auf die Rechtsprechung ermöglicht hätten. Dazu im
Einzelnen:

Durch Gesetz vom 16. September 1939 (RGBl. I S. 1841) wurde erstmals
in der deutschen Rechtsgeschichte ein sogenannter „Außerordentlicher
Einspruch" für das Strafverfahren eingeführt. Das Rechtsmittel konnte von
dem Oberreichsanwalt des Reichsgerichts oder dem Oberreichsanwalt
beim Volksgerichtshof gegen rechtskräftige Urteile

*wegen schwerwiegender Bedenken gegen die Richtigkeit des rechts-
kräftigen Urteils*

innerhalb eines Jahres nach Rechtskraft eingelegt werden. Der Einspruch
führte zur Aufhebung des Urteils und zur erneuten Entscheidung des
Verfahrens vor besonderen Strafsenaten beim Reichsgericht oder beim
Volksgerichtshof.

Durch Verordnung vom 21. Februar 1940 (RGBl I S. 405) wurde als ähn-
liches Rechtsmittel die sogenannte „Nichtigkeitsbeschwerde" eingeführt.
Sie gestattete dem Oberreichsanwalt beim Reichsgericht gegen rechtskräftige Urteile des Amtsrichters, der Strafkammer oder der gleichzeitig
geschaffenen Sondergerichte binnen eines Jahres nach Rechtskraft der
Entscheidung Beschwerde einzulegen, wenn das Urteil wegen eines Feh-

lers bei der Anwendung des Rechts auf den festgestellten Sachverhalt „ungerecht" war.

Zur Begründung des Gesetzentwurfes für die Einführung des außerordentlichen Einspruchs führte Schlegelberger in dem von ihm unterzeichneten Übersendungsschreiben vom 14. Juli 1939 an den Reichsminister und Chef der Reichskanzlei Dr. Lammers, an den er sich wenden musste, wenn Hitler Vorgänge aus dem Reichsjustizministerium vorgelegt werden sollten, unter anderem aus:

> *Die Erhebung des Einspruchs soll auf die seltenen Fälle beschränkt werden, in denen schwerwiegende Bedenken gegen die Richtigkeit eines rechtskräftigen Urteils bestehen, insbesondere der Führer die Nachprüfung des Urteils in einer neuen Hauptverhandlung für erforderlich hält ... Die Zusammensetzung des besonderen Senats, dessen Mitglieder auf Vorschlag des Reichsministers der Justiz vom Führer bestellt werden sollen, soll Gewähr dafür bieten, dass (er) das Vertrauen des obersten Gerichtsherrn des Reichs hat ...*

Schlegelberger hat im Gerichtsverfahren bestritten, dass mit den außerordentlichen Rechtsmitteln ein Eingriff in die Rechtspflege verbunden gewesen sei. Der außerordentliche Einspruch wie auch die Nichtigkeitsbeschwerde gingen auf Vorschläge der Strafrechtskommission zurück. Die gesetzlich geregelten Rechtsmittel hätten zur Nachprüfung in einem gerichtlichen Verfahren geführt. Für die praktische Handhabung der Rechtsmittel könne er nicht verantwortlich gemacht werden. Sein Schreiben an Dr. Lammers stimme mit der Auffassung der Strafrechtskommission überein. Da Hitler als Staatsoberhaupt die Schaffung einer gesetzlichen Grundlage für die Revidierung ihm nicht genehmer Urteile gewünscht habe, sei es selbstverständlich die Pflicht des Reichsjustizministeriums gewesen, einen entsprechenden Gesetzesentwurf auszuarbeiten.

Erstaunlich an diesem Vorgang ist, dass Schlegelberger überhaupt mit diesen Fragen befasst war. An sich war Freisler nach der internen Geschäfts-verteilung für die Strafrechtspflege zuständig. Im Übrigen sind dies die einzigen Vorwürfe, die sich auf die Zeit vor Januar 1941 und damit auf die Zeit vor der Übernahme der Leitung der Führung des Reichsjustizminis-teriums beziehen. Alle weiteren Vorwürfe betreffen die Zeit von Januar 1941 bis August 1942, in der er mit der Wahrnehmung der Geschäfte des Reichsjustizministers beauftragt war.

Schlegelberger wurde weiter vorgeworfen, er habe zur Beeinflussung der Rechtsprechung zu einer Fülle formell illegaler Maßnahmen gegriffen. Er habe in regelmäßigen Abständen die Oberlandesgerichtspräsidenten und die Generalstaatsanwälte nach Berlin bestellt, um sie über seine Auffassung zur Behandlung von Rechts-, insbesondere Strafsachen zu unterrichten. Schlegel-berger habe dabei die Teilnehmer wiederholt aufgefordert, für rücksichtslose Härte in der Strafzumessung zu sorgen, Richter, die sich dieser Aufforderung nicht beugten, seien abzulösen und die Strafkammern so zusammenzuset-zen, dass der Aufforderung entsprechend judiziert werde.

Der Hintergrund dieses Vorwurfs ist die Tatsache, dass das Reichsjustiz-ministerium, insbesondere seit Ausbruch des Krieges, ständig im Konflikt stand zwischen den Forderungen Hitlers nach einer harten und unnach-sichtigen Rechtsprechung und der Wahrung der Unabhängigkeit der Justiz vor entsprechenden Angriffen und Übergriffen. Hitler, der von Juristen nichts hielt, forderte die bedingungslose Unterstützung der Justiz in den Kriegszeiten und verlangte dafür vom Reichsjustizministerium, sowohl in grundsätzlichen Fragen als auch in Einzelfällen Einfluss auf die Rechtspre-chung zu nehmen.

Schlegelberger hat sich als amtierender Leiter des Reichsjustizministeriums erkennbar bemüht, diesem Druck auszuweichen oder die schlimmsten Ein-griffe zu mildern. In den Jahren 1941/42 mit der fortschreitenden Dauer des Krieges wurde aber der Druck Hitlers immer stärker und unmittelbarer. In einer Grundsatzansprache am 23. April 1941, also fast drei Monate nach

Übernahme der Leitung des Justizministeriums, versuchte Schlegelberger den Oberlandesgerichtspräsidenten und Generalstaatsanwälten in einer Dienstbesprechung den Ernst der Lage deutlich zu machen und sie auf die an ihn herangetragenen Notwendigkeiten der Zeit einzuschwören. Schlegelberger hat nach dem erhaltenen Manuskript unter anderem ausgeführt:

Das Volk verlangt die Ausübung der Rechtspflege durch Richter seines Vertrauens. ... Der Richter soll Recht sprechen im Namen des Volkes. Hat sich die Weltanschauung in einem Volke so grundlegend und mit so gefestigter Kraft gewandelt, wie in Deutschland nach dem Siege der Bewegung, so kann der Richter getreu seines Amtes nur walten, wenn er von dieser neuen Weltanschauung durchdrungen ist und es kann keinem Zweifel unterliegen, dass nunmehr jede Norm des geltenden Rechts unter Berücksichtigung der im Parteiprogramm anerkannten Sittenordnung und Weltanschauung und dazu der maßgebenden Willensäußerungen ihres Schöpfers und des berufensten Künders, des Führers, auszulegen und anzuwenden ist. Wer das unter Berufung auf seine richterliche Unabhängigkeit leugnen wollte, würde das Maß der Bindungen verkennen, die auch ihm der Staat auferlegt. Diese Bindungen einzuhalten, ist selbstverständliche Pflicht jedes Richters. Für ihre Erfüllung ist der Richter dem Führer verantwortlich, dem Führer, von dem er die Befugnis, das Recht zu sprechen, ableitet. Daraus erwächst für mich die Verpflichtung, Sie mit allen Entschließungen des Führers vertraut zu machen, die für Ihre Amtsführung von Bedeutung sind. ...

Geschieht das nicht, so ist es unabwendbar, dass Richter und Staatsanwälte sich zum schweren Schaden der Justiz und des Staates gegen Maßnahmen wenden, die sie gutgläubig, aber irrtümlich für illegal halten, und sich schuldlos mit dem Willen des Führers in Widerspruch setzen.
...

Trotz dieser deutlichen Ermahnung sah sich Schlegelberger schon kurz darauf veranlasst, seine Forderungen in einer Deutlichkeit zu präzisieren, die keine Zweifel zuließen. Er unterzeichnete am 24. Juli 1941 einen Runderlass an die Oberlandesgerichtspräsidenten und Generalstaatsanwälte, in dem er zu milde Urteile gegen Polen kritisierte. In dem Erlass heißt es:

Derartige Urteile offenbaren eine unverständliche, nachsichtige Einstellung gegenüber dem uns unversöhnlich gegenüberstehenden polnischen Volkstum. Ich spreche die bestimmte Erwartung aus, dass ... nunmehr gegen polnische Verbrecher im Altreich mit allem Nachdruck und den schwersten Strafen aus § 4 Volksschädlingsverordnung vorgegangen wird. Ausgesprochen kriminelle Elemente und Sittlichkeitsverbrecher polnischen Volkstums muss in aller Regel die Todesstrafe treffen. ...

Ein Zusatz für die Oberlandesgerichtspräsidenten lautete:

Die Herren Oberlandesgerichtspräsidenten bitte ich dringlich, die Richter ihres Bezirks in geeigneter Form nachdrücklich auf diese Gesichtspunkte aufmerksam zu machen, die Rechtsprechung zu überwachen und nötigenfalls rechtzeitig eine Umbesetzung der Gerichte ins Auge zu fassen.

Wohl zur Abschreckung und zur Verdeutlichung der Folgen einer zu laschen Einstellung lag dem Runderlass eine Liste von Urteilen bei,

deren Ergebnisse durch Sondererlasse abgeändert sind, oder zu denen ich eine Abänderung im Wege der Nichtigkeitsbeschwerde habe veranlassen müssen.

In fünf Fällen war vermerkt: „Wegen Widerstands erschossen", in drei Fällen: „Überstellung an Gestapo angeordnet" und in einem Fall: „Nichtigkeitsbeschwerde, Reichsgericht hat wegen Nichtanwendung des § 4 Volksschädlingsverordnung aufgehoben und zurückverwiesen."

Schlegelberger hat Zweifel geäußert, ob der Text des Runderlasses von ihm stamme. Für die Ostgebiete sei er nicht zuständig gewesen. Allerdings

Erkennendes Gericht	Täter	Tat	Strafe	Urteil vom :	Bemerkung
SG.Bielefeld	Maziarz	Notzuchtsversuch an 2 deutschen Frauen	1 J.3 Mon. Zuchthaus Heilanstalt	23.9.40	wegen Widerstandes erschossen am 15.11.40
Strafkammer Lüneburg	Wojcieck	Gewaltunzucht	1 J.Gefängnis	21.10.40	Wichtigkeitsbeschwerde,RG.hat wegen Nichtanwendung d.§4 VVO. aufgehoben und zurückverwiesen.
Strafkammer Güstrow	Wojtas	Notzuchtsversuch an der Frau des Arbeitgebers	1 J.Gefängnis	5.11.40	wegen Widerstandes erschossen am 1.3.41
Strafkammer Prenzlau	Czaika	Unzucht mit einem Kinde	2 J.Zuchthaus	30.12.40	wegen Widerstandes erschossen am : 10.3.41
Strafkammer Rostock	Wojitarowicz	Unzucht mit einem Kinde	2 J.Zuchthaus	17.1.41	wegen Widerstandes erschossen am : 17.2.41.
Strafkammer Cottbus	Chlabicz	Zahlreiche Verdunkelungseinbrüche nach Ausbruch aus dem Zuchthaus	10 J. Zuchthaus Sicher. Verwahrung	5.2.41	Überstellung an Stapo angeordnet.
SG.München	Dziubczyk	Nochtzucht	6 J. Zuchthaus	28.2.41	wegen Widerstandes erschossen am 8.3.41
SG. Bielefeld	Franz Golembiowski	Unzucht mit einem Kinde	8 J. Zuchthaus	4.4.41	Überstellung an Stapo angeordnet.
Strafkammer Stargard Po.	A p l a s	Nochtzuchtsversuch	1 J.6 Mon. Zuchthaus	16.7.40	Überstellung an Stapo angeordnet

habe er das Schreiben unterzeichnet, weil es seiner Absicht entsprochen habe, die Gerichte darauf hinzuweisen, wohin die Verhängung zu geringer Strafen führe. Aus der beigefügten Liste gehe hervor, dass Hitler die Urteile durch die Gestapo habe „korrigieren" lassen. Die Bezugnahme auf die Volksschädlingsverordnung erweise, dass das Schreiben nur einen Hinweis auf die offenbar nicht genügend berücksichtigte Strenge des Gesetzes darstelle. Schon nach der Tatbezeichnung und dem Urteilstenor halte er im Übrigen die Urteile auch heute noch, weil im Kriege ergangen, für ungewöhnlich milde. In erster Linie habe sich das Schreiben an die der Weisung des Reichsjustizministeriums unterworfenen Staatsanwaltschaften gerichtet. Er habe es in derartigen Fällen allgemein für zweckmäßig gehalten, auch die Oberlandesgerichtspräsidenten zu unterrichten.

Dass er sich auch im Zivilrecht um eine angepasste Rechtsprechung bemühte, ergibt sich aus dem folgenden Antwortschreiben von Lammers vom 5. April 1941 auf eine entsprechende Initiative Schlegelbergers:

Sehr verehrter Herr Schlegelberger!
Ihr an den Führer gerichtetes Schreiben vom 10. März 1941 habe ich dem Führer vorgelegt und bei meinem Vortrag Ihr Schreiben an mich vom 1. und 31. März verwertet. Der Führer hat mit Interesse und Befriedigung davon Kenntnis genommen, dass Sie bemüht sind, auch im Zivilprozess das Verfahren so zu gestalten, dass Fehlentscheidungen der Gerichte nach Möglichkeit ausgeschlossen sind, und dass Sie besonderen Wert darauf legen, seine Auffassungen den Richtern zu vermitteln.

Der Führer hat sich bereit erklärt, Sie bei Gelegenheit zu empfangen. Ich werde mich um Ihren Vortrag beim Führer bemühen, wenn auch mit Rücksicht auf die Kriegslage für die allernächste Zeit damit nicht zu rechnen sein wird.
Heil Hitler.
Ihr sehr ergebener Lammers

Zu der in dem Schreiben erwähnten und von Schlegelberger wieder-holt erbetenen Möglichkeit, Hitler persönlich zu sprechen, ist es bis zu seinem Ausscheiden aus dem aktiven Dienst offenbar nicht gekommen.

Im Frühjahr 1942 verschärfte sich die Lage für die Justiz. Am 31. März 1942 lud Schlegelberger deshalb erneut die Präsidenten der Oberlandesgerichte und der Generalstaatsanwälte zu einer dringenden Dienstbesprechung ein. Er präzisierte seine bisherigen Mahnungen und Erlasse dahin, dass das Verlangen des Führers, Straftaten im Kriege streng zu bestrafen, auch für den Richter ein Befehl sei, dem er nachzukommen habe. Um das zu erreichen, sei die Steuerung der Rechtspflege nicht nur bei den Staatsanwaltschaften, sondern auch bei den Gerichten erforderlich. Die Behördenleiter müssten wissen, welche Strafen und Maßnahmen die zentrale Führung für notwendig halte. Strafwürdige müssten trotz evtl. entgegenstehender juristischer Bedenken bestraft werden.

Hier löst sich Schlegelberger von dem Grundsatz, dass allein die gesetzlichen Vorschriften für die Tätigkeit der Richter verbindlich sind.

Zwei Wochen später weist Schlegelberger mit einem Runderlass vom 16. April 1942 die Oberlandesgerichtspräsidenten an, Sondergerichte zur Aburteilung von Plünderern zu bilden und gibt genaue Anweisungen, wie im einzelnen zu verfahren ist:

Diese Sondergerichte müssen die Plünderer an Ort und Stelle aburteilen ... Es muss am selben Tage angeklagt und das Urteil des Sondergerichts ergehen. In all diesen Fällen, in denen nach § 1 Volksschädlingsverordnung die Todesstrafe zwingend ist, erwarte ich den Bericht über die Vollstreckung oder Begnadigung noch am selben Tage ... Die Oberlandesgerichtspräsidenten haben an Ort und Stelle das energische Eingreifen der Justiz zu veranlassen und in solchen Fällen eine ganz besonders enge persönliche Fühlung zu den politischen Hoheitsträgern des betroffenen

Ortes zu halten. Rechtsfragen, die Zweifel aufkommen lassen könnten, bestehen nicht.

Der Auffassung des beklagten Landes, er habe damit zur Preisgabe der für jede Urteilsfindung notwendigen Distanz aufgefordert, das Urteil von der Stimmung des Augenblicks abhängig gemacht und die Richter dabei auch parteipolitischen Einflüssen unterworfen, tritt Schlegelberger mit der Bemerkung entgegen, der Beklagte verkenne die Besonderheiten eines Standgerichtsverfahrens. In dem Erlass sei auf die Möglichkeit der Begnadigung besonders hingewiesen worden. Zweifelsfragen bestünden bei Plünderungen in der Tat nicht.

All diese ministeriellen Maßnahmen konnten den Ärger Hitlers über die nach seiner Auffassung noch immer zu lasche Strafgerichtsbarkeit nicht mildern. Am 26. April 1942 ließ er seinem Zorn freien Lauf. In seiner letzten Reichstagsrede überhaupt griff er die Justiz unter dem Gejohle der Abgeordneten scharf an und forderte konkrete personelle Konsequenzen bei abweichenden Entscheidungen. Damit schuf er eine äußerst gefährliche und explosive Situation für die Gerichte. Hitler erklärte nach dem Protokoll der Reichstagssitzung unter anderem:

Front und Heimat, Transportwesen, Verwaltung und Justiz haben nur einem einzigen Gedanken zu gehorchen, nämlich der Erringung des Sieges. (Stürmischer Beifall).
Es kann in dieser Zeit keiner auf seine wohl erworbenen Rechte pochen, sondern jeder muss wissen, dass es heute nur Pflichten gibt. Ich bitte deshalb den Deutschen Reichstag um die ausdrückliche Bestätigung, dass ich das gesetzliche Recht besitze, jeden zur Erfüllung seiner Pflichten anzuhalten bzw. denjenigen, der seine Pflichten nach meiner gewissenhaften Einsicht nicht erfüllt, entweder zur gemeinen Kassation zu verurteilen oder ihn aus Amt und Stellung zu entfernen ohne Rücksicht, wer er auch sei oder welche erworbenen Rechte er besitze (stürmische Zustimmung) und zwar gerade deshalb, weil es sich unter

Millionen Anständiger immer nur um ganz wenige einzelne Ausnahmen handelt. Ebenso erwarte ich, dass die deutsche Justiz versteht, dass nicht die Nation ihretwegen, sondern dass sie der Nation wegen da ist (lebhafte Zustimmung),das heißt, dass nicht die Welt zugrunde gehen darf, in der auch Deutschland eingeschlossen ist, damit ein formales Recht lebt, sondern dass Deutschland leben muss, ganz gleich, wie immer auch formale Auffassungen der Justiz dem widersprechen mögen. Ich habe - um nur ein Beispiel zu erwähnen - kein Verständnis dafür, dass ein Verbrecher, der im Jahre 1937 heiratet und dann seine Frau solange misshandelt, bis sie endlich geistesgestört wird und an den Folgen einer letzten Misshandlung stirbt, zu fünf Jahren Zuchthaus verurteilt wird in einem Augenblick, in dem Zehntausende brave deutsche Männer sterben müssen, um der Heimat die Vernichtung durch den Bolschewismus zu ersparen, das heißt also, um ihre Frauen und Kinder zu schützen. (Zustimmung)
Ich werde von jetzt ab in diesen Fällen eingreifen und Richter, die ersichtlich das Gebot der Stunde nicht erkennen, ihres Amtes entheben. (Beifall)
(Lang anhaltende stürmische Beifallskundgebungen und Heil-Rufe.)

Präsident Göring: Mein Führer! Männer des Deutschen Reichstages!

... Das Volk kennt die Weisheit, die Gerechtigkeit, die Güte und die Größe und vor allen Dingen das Genie des Führers, und weil es davon überzeugt ist, fühlt es auch in sich die Pflicht, alles zu tun, um dem Führer zur Seite zu stehen.

Die Männer des Reichstages als die Abgeordneten dieses Volkes fordere ich nun auf, mir folgende Feststellung zu bestätigen: ... Der Führer muss (daher)
- ohne an bestehende Rechtsvorschriften gebunden zu sein - in seiner Eigenschaft als Führer der Nation, als oberster Befehlshaber der Wehrmacht, als Regierungschef und oberster Inhaber der vollziehenden Gewalt, als oberster Gerichtsherr und als Führer der Partei jederzeit in der Lage sein, nötigenfalls jeden Deutschen - sei er einfacher Soldat oder Offi-

zier, niedriger oder hoher Beamter oder Richter, leitender oder dienender Funktionär der Partei, Arbeiter oder Angestellter - mit allen ihm geeignet erscheinenden Mitteln zur Erfüllung seiner Pflichten anzuhalten und bei Verletzung dieser Pflichten nach gewissenhafter Prüfung ohne Rücksicht auf sogenannte wohlerworbene Rechte mit der ihm gebührenden Sühne zu belegen, ihn im besonderen ohne Einleitung vorgeschriebener Verfahren aus seinem Amte, aus seinem Rang und seiner Stellung zu entfernen.

Der Beschluss des Reichstages wurde am nächsten Tag im Reichsgesetzblatt veröffentlicht (RGBl I S. 247).

247

Reichsgesetzblatt

Teil I

1942	Ausgegeben zu Berlin, den 27. April 1942	Nr. 44

Tag	Inhalt	Seite
26. 4. 42	Beschluß des Großdeutschen Reichstags vom 26. April 1942	247
27. 4. 42	Vierte Verordnung zur Durchführung und Ergänzug des Einsatz-Familienunterhaltsgesetzes (EFU-DV)	248
27. 4. 42	Verordnung zur Aufhebung der Verordnung über die Untersuchung von Fleisch und Fleischwaren aus dem Protektorat Böhmen und Mähren auf Trichinen	250

Beschluß des Großdeutschen Reichstags
vom 26. April 1942.

Der Großdeutsche Reichstag hat in seiner Sitzung vom 26. April 1942, auf Vorschlag des Präsidenten des Reichstags, die vom Führer in seiner Rede in Anspruch genommenen Rechte einmütig durch nachfolgenden Beschluß bestätigt:

»Es kann keinem Zweifel unterliegen, daß der Führer in der gegenwärtigen Zeit des Krieges, in der das deutsche Volk in einem Kampf um Sein oder Nichtsein steht, das von ihm in Anspruch genommene Recht besitzen muß, alles zu tun, was zur Erringung des Sieges dient oder dazu beiträgt. Der Führer muß daher — ohne an bestehende Rechtsvorschriften gebunden zu sein — in seiner Eigenschaft als Führer der Nation, als Oberster Befehlshaber der Wehrmacht, als Regierungschef und oberster Inhaber der vollziehenden Gewalt, als oberster Gerichtsherr und als Führer der Partei jederzeit in der Lage sein, nötigenfalls jeden Deutschen — sei er einfacher Soldat oder Offizier, niedriger oder hoher Beamter oder Richter, leitender oder dienender Funktionär der Partei, Arbeiter oder Angestellter — mit allen ihm geeignet erscheinenden Mitteln zur Erfüllung seiner Pflichten anzuhalten und bei Verletzung dieser Pflichten nach gewissenhafter Prüfung auf sogenannte wohlerworbene Rechte mit der ihm gebührenden Sühne zu belegen, ihn im besonderen ohne Einleitung vorgeschriebener Verfahren aus seinem Amte, aus seinem Rang und seiner Stellung zu entfernen.«

Im Auftrage des Führers wird dieser Beschluß hiermit verkündet.

Berlin, den 26. April 1942.

Der Reichsminister und Chef der Reichskanzlei

Dr. Lammers

Schlegelberger, der die Rede am Radio verfolgt hatte, war erschüttert. Er empfand sie, wie er bemerkte, als „Treubruch" Hitlers ihm gegenüber. Er habe Hitler gegenüber immer wieder die Bereitschaft bekundet, auf die Rechtsprechung in geeigneter Weise einzuwirken. Die Drohung Hitlers, ohne Verfahren Richter des Amtes zu entheben und zu entlassen, beurteilte auch Schlegelberger als bislang beispiellose Androhung von direkten Eingriffen in die Tätigkeit der Gerichte.

Auf diese massiven öffentlichen Angriffe Hitlers gegen die Justiz reagierte er umgehend. Weil er meinte, Hitler sei oft nicht angemessen darüber informiert, was die Gerichte im Einzelnen entschieden hätten, verfügte er als erste Maßnahme am 1. Mai 1942:

> *Um eine ausreichende verantwortliche Unterrichtung des Führers über Angelegenheiten der Justiz auch für die Zeit sicherzustellen, in denen ein mündlicher Vortrag nicht möglich ist, führe ich mit dem heutigen Tage als Kriegsmaßnahme die schriftliche Führerinformation ein. Die Führerinformation berichtet im Telegrammstil über wichtige Gerichtsurteile und Lebensvorgänge sowie über Maßnahmen und Pläne des Reichsministers der Justiz. Die Berichte sind lebensnah zu gestalten.*

Von Mai 1942 bis Februar 1945 wurde daraufhin Hitler durch den Reichsminister der Justiz durch so genannte „Führerinformationen" über die justizpolitische Lage im Reich oder über Einzelfälle unterrichtet. Die „Führerinformationen" wurden auf dickem und glattem Papier in großen Typen geschrieben, damit der kurzsichtige Hitler die Berichte ohne Brille lesen konnte. Der Stil, in dem sie verfasst wurden, war knapp, gelegentlich lapidar und vermied stets die juristische Fachterminologie. Meistens bestanden die Informationen aus weniger als 10 Sätzen, selten umfassten sie mehr als eine Seite.

Weiter rief Schlegelberger erneut die Oberlandesgerichtspräsidenten und Generalstaatsanwälte der 32 Oberlandesgerichtsbezirke des Deutschen Reiches zu einer Dienstbesprechung zusammen. Über diese Besprechung informierte er Hitler in der „Führerinformation Nr. 14/1942" vom 21. Mai 1942:

Aufgrund der Weisung an die Rechtspflege, die Sie, mein Führer, in Ihrer letzten Reichstagsrede erteilt haben, habe ich alle Oberlandesgerichtspräsidenten und Generalstaatsanwälte zu mir berufen und ihnen erneut die entschiedene und harte Verfolgung vor allem jedes Kriegsverbrechers zur Pflicht gemacht. Ich habe meine Behördenchefs persönlich für die Steuerung auch der einzelnen Verfahren in ihren Bezirken verantwortlich gemacht und zugleich eine laufende Unterrichtung in allen wichtigen Einzelfällen sichergestellt.

Um seinen guten Willen auch mit Taten zu beweisen, hatte Schlegelberger schon am 6. Mai 1942 den allerdings nicht in Kraft getretenen Entwurf eines Führererlasses über ein „Bestätigungsrecht in Strafsachen" vorgelegt. Danach sollten der Reichsminister der Justiz oder die von ihm ermächtigten Oberlandesgerichtspräsidenten – vorbehaltlich einer Entscheidung Hitlers als „oberster Gerichtsherr" – befugt sein, auf Antrag des Generalstaatsanwalts rechtskräftigen Strafurteilen die Bestätigung zu versagen oder die Urteile abzuändern.

In seinem Übersendungsschreiben an Dr. Lammers vom gleichen Tage führte Schlegelberger aus, die Regelungen in dem Entwurf seien der einzige, aber auch sichere Weg, um unzureichenden Strafzumessungen in gerichtlichen Urteilen zu begegnen.

In dem von Schlegelberger unterzeichneten Begleitbrief an Hitler heißt es zum Erlassentwurf:

... dem Reichsminister der Justiz (würde) durch Einräumung eines Bestätigungsrechts maßgebender Einfluss auf die Strafzumessung gegeben. ... Die gesamte Strafjustiz würde bezüglich der Strafzumessung unter die erhöhte Kontrolle des Reichsministers der Justiz gestellt werden.

Dieser könnte die Erhöhung unzureichender Straftaten in jedem Fall durchsetzen ...

Sollte es einmal an der nötigen Härte fehlen, so würde ich selbst die Nichtbestätigung aussprechen. Danach glaube ich, falls Sie, mein Führer, dem Entwurf zusprechen würden, die Gewähr dafür übernehmen zu können, dass die Strafzumessung der Gerichte keinen Anlass zu klagen mehr geben würde.

Schlegelberger macht dazu geltend, die Unterrichtung der Oberlandesgerichtspräsidenten und Generalstaatsanwälte habe im Gesamtinteresse der Justiz und im besonderen Interesse der Richter gelegen. Mit dem Entwurf habe er verhindern wollen, dass Amtsträgern der NSDAP ein Bestätigungsrecht übertragen werde.

Der Beklagte wirft Schlegelberger weiter vor, dieser habe in anhängige oder abgeschlossene Verfahren eingegriffen.

Hitler hatte schon zu den Zeiten, als Dr. Gürtner noch Reichsjustizminister war, aufgrund von Zeitungsmeldungen über Strafverfahren wiederholt die Gestapo beauftragt, Gefangene während oder nach Abschluss des Strafverfahrens aus der Strafhaft in polizeilichen Gewahrsam zu überführen. Nachdem Dr. Gürtner dagegen protestiert hatte, erhielt er von dem Chef der Reichskanzlei Dr. Lammers zur Antwort:

... Die Gerichte sind den besonderen Anforderungen des Krieges nicht gewachsen und daher müssen die Überstellungen weiter vorgenommen werden.

Wenn sein Protest auch erfolglos war, erreichte Dr. Gürtner aber in einer persönlichen Absprache mit Dr. Lammers, dass das Reichsjustizministerium von geplanten Übergriffen der Gestapo so rechtzeitig verständigt wurde, dass zumindest noch versucht werden konnte zu prüfen, ob der von Hitler nach den Zeitungsmeldungen angenommene Sachverhalt mit den Urteilsfeststellungen übereinstimmte. So bestand die theoretische Möglichkeit, die Strafakten zu prüfen und durch einen Vortrag des Chefs der Reichskanzlei bei Hitler den beabsichtigten Übergriff zu verhindern.

Schon wenige Wochen nach der Übernahme der Leitung des Reichsjustizministeriums änderte Schlegelberger die bis dahin wohl eher defensive Haltung des Reichsjustizministeriums in dieser Frage. Am 10. März 1941 schreibt er an Reichsminister Lammers:

... Mir ist bekannt geworden, dass gerade wieder in letzter Zeit eine Reihe von Urteilen den starken Unmut des Führers hervorgerufen hat. Um welche Urteile es sich im einzelnen dabei handelt, weiß ich nicht, wohl aber habe ich selbst festgestellt, dass noch hin und wieder Urteile gesprochen werden, die einfach nicht zu halten sind. Ich werde in solchen Fällen mit stärkster Energie durchgreifen. Es ist aber darüber hinaus für die Justiz und ihre Geltung im Reich von entscheidender Bedeutung, dass der Leiter des Justizministeriums weiß, welche Urteile der Führer beanstandet ...

Unter dem gleichen Datum schreibt Schlegelberger direkt an Hitler:

... Bei der Fülle der täglich ergehenden Rechtssprüche kommen immer noch hin und wieder Entscheidungen vor, die den zu stellenden Anforderungen nicht voll entsprechen. Ich würde in solchen Fällen die notwendigen Maßnahmen treffen. ... Daneben bleibt es erforderlich, die Richter immer mehr zu richtigem staatsbewusstem Denken hinzuführen. Hierfür wäre es von unschätzbarem Wert, wenn Sie, mein Führer, sich entschließen könnten, falls ein Urteil Ihre Zustimmung nicht findet, dieses zu meiner Kenntnis zu bringen.
Die Richter sind Ihnen, mein Führer, verantwortlich; sie sind sich dieser Verantwortung bewusst und haben den festen Willen, demgemäss Ihres Amtes zu walten.
Heil mein Führer!

Aus diesen Schreiben wird das Dilemma Schlegelbergers deutlich, dass er zwar über den Ärger Hitlers über die Gerichte und die Rechtsprechung hörte, jedoch oft nicht wusste, worauf sich dieser konkret bezog. Weil er zu Rücksprachen mit Hitler nicht zugelassen wurde, blieb ihm nichts anderes übrig, als zu bitten, ihn zu informieren. Dass der Hinweis, er selbst sei auch mit den Gerichten nicht zufrieden, mehr als nur eine diplomatische Floskel war, sollte sich später zeigen.

Hitler hat nicht gezögert, der Bitte seines neuen Leiters des Reichsjustizministeriums zu entsprechen. Bereits am 28. März 1941 erhielt Schlegelberger ein Schreiben vom Chef der Reichskanzlei Dr. Lammers, nach dem Hitler gegen ein Urteil des Landgerichts Lüneburg in einer Strafsache gegen den polnischen Landarbeiter Wolaj Wojcieck seinen Unmut geäußert habe. Eine Strafkammer des Landgerichts Lüneburg hatte Wojcieck, der auf einem Bauernhof beschäftigt war, am 21. Oktober 1940 wegen Notzucht zu einem Jahr Gefängnis verurteilt. Dem Verurteilten waren mildernde Umstände zugebilligt worden, weil er

als Pole nicht die gleichen Hemmungen gegenüber weiblichen Mitarbeitern besitze wie der deutsche Landarbeiter.

Dr. Lammers übermittelte Schlegelberger am 28. März 1941 folgende Weisung Hitlers:

Der Führer lässt Sie bitten, umgehend dafür Sorge tragen zu wollen, dass die Auffassung des Lüneburger Gerichts sich nicht bei anderen Gerichten wiederholt,

und bat ihn mitzuteilen, was er in der Angelegenheit veranlasst habe. Auf dieses Schreiben erwidert Schlegelberger am 1. April 1941:

... Ich habe sofort durch Rundverfügung mit der Anordnung alsbaldiger Weitergabe an alle Strafrichter und Staatsanwälte das Abwegige der

Auffassung, die in diesem Satze der Urteilsbegründung hervortritt, der Strafjustiz mitgeteilt. Ich halte es für ausgeschlossen, dass sich ein solcher Vorfall wiederholt.

Im übrigen habe ich den zuständigen Oberlandesgerichtspräsidenten und die beteiligten Richter für morgen hierher bestellt und habe die Absicht, durch Änderung der Geschäftsverteilung beim Landgericht Lüneburg dafür zu sorgen, dass die Richter, die an dem Urteil mitgewirkt haben, in der Strafrechtspflege nicht mehr eingesetzt werden.

Nachdem die Rücksprache mit dem Präsidenten des Oberlandesgerichts Celle Adolf von Garßen und den Richtern der Strafkammer des Landgerichts Lüneburg im Reichsjustizministerium stattgefunden hatte, berichtete Schlegelberger am 3. April 1941 an Lammers,

... dass der Vorsitzende der Strafkammer, die das Urteil in der Strafsache gegen den polnischen landwirtschaftlichen Arbeiter Wolaj Wojcieck gefällt hat, nicht mehr vorsitzt und dass die beiden Beisitzer durch andere Beisitzer ersetzt worden sind.

Schlegelberger macht dazu geltend, der Fall Wojcieck habe seinerzeit in der Öffentlichkeit erhebliches Aufsehen erregt. Die deutsche Bevölkerung habe mit Recht erwarten können, vor Übergriffen polnischer Landarbeiter nicht geringer als vor etwaigen Übergriffen Deutscher geschützt zu werden. Die Auffassung des Landgerichts Lüneburg sei der damaligen Situation, in der deutsche Frauen in Abwesenheit ihrer meist im Felde stehenden Männer mit sogenannten Fremdarbeitern zusammenleben und -arbeiten mussten, nicht gerecht geworden. Da das Urteil der Parteiführung bekannt geworden sei, habe er, um diese zu beruhigen, eine vermittelnde Stellung eingenommen.

Weiter wirft der Beklagte Schlegelberger vor, er habe am 29. Oktober 1941 den Juden Markus Luftglass der Gestapo zur Exekution überstellt.

Ausgangspunkt für den Fall Luftglass, der auch im Nürnberger Urteil eine wichtige Rolle gespielt hat, war eine Meldung der „Berliner Illustrierten Nachtausgabe" vom 20. Oktober 1941 :

Jude hamstert 65.000 Eier und 15.000 Stück verderben.
Drahtmeldung unseres Berichterstatters Breslau, 20. Oktober.
Eine geradezu riesige Menge von Eiern hat der 74jährige Jude Markus Luftglass aus Kalwarja der allgemeinen Bewirtschaftung entzogen und musste sich vor dem Sondergericht in Bielitz verantworten. Der Jude hatte in Bottichen und in einer Kalkgrube 65.000 Eier verborgen, von denen bereits 15.000 verdorben waren. Der Angeklagte erhielt zweieinhalb Jahre Gefängnis als gerechte Strafe wegen Verbrechens gegen die Kriegswirtschaftsordnung.

Am 25. Oktober 1941 schrieb Lammers:

Dem Führer ist die anliegende Pressenotiz über die Verurteilung des Juden Markus Luftglass zu zweieinhalb Jahren Gefängnis durch das Sondergericht in Bielitz vorgelegt worden. Der Führer wünscht, dass gegen Luftglass auf Todesstrafe erkannt wird. Ich darf Sie bitten, das Erforderliche beschleunigt zu veranlassen und dem Führer zu meinen Händen über die getroffenen Maßnahmen zu berichten.

Am 29. Oktober 1941 antwortete Schlegelberger dem Chef der Reichskanzlei:

Auf den mir durch den Herrn Staatsminister und Chef der Präsidialkanzlei des Führers und Reichskanzlers übermittelten Führerbefehl vom 24. Oktober 1941 habe ich den durch das Sondergericht in Kattowitz zu zweieinhalb Jahren Gefängnis verurteilten Juden Markus Luftglass der Geheimen Staatspolizei zur Exekution überstellt.
Heil Hitler!
Ihr sehr ergebener Schlegelberger.

Das Land Schleswig-Holstein trägt dazu im Berufungsverfahren vor, es könne nicht festgestellt werden, dass Schlegelberger sich bemüht habe, den Vollzug des Führerbefehls zu verhindern oder zu verzögern. Mit seiner Anweisung an die Strafvollzugsbehörden, Luftglass der Gestapo zu überstellen, sei er möglicherweise sogar über die erteilte Weisung hinausgegangen. Lammers sei es mit seinem Schreiben offensichtlich lediglich um die Wiederaufnahme des Verfahrens im Wege des außerordentlichen Einspruchs gegangen. Schlegelberger habe in voller Kenntnis aller Umstände die Überstellung „zur Exekution" angeordnet. Damit habe er Beihilfe zur Ermordung des Luftglass geleistet. Ein Führerbefehl bilde keine Rechtsgrundlage, entgegen einem rechtskräftigen Urteil die Tötung eines Menschen anzuordnen.

Schlegelberger hat in seiner Erwiderung einen abweichenden Sachverhalt geschildert. Er habe die Überstellung von Luftglass aufgrund eines Führerbefehls vom 24. Oktober 1941, der ihm telefonisch durch den Chef der Präsidialkanzlei Dr. Meißner übermittelt worden sei, angeordnet. Auf das Schreiben von Lammers gehe die Anordnung nicht zurück. Die Entscheidung sei bei Erhalt dieses Schreibens von Hitler bereits getroffen gewesen. Das Schicksal des Luftglass, dessen Ermordung durch die Gestapo im Übrigen nicht erwiesen sei, sei durch den Führerbefehl unentrinnbar bestimmt gewesen. Die Überstellung des Luftglass habe auch bei Anwendung des „gürtnerschen Systems" nicht verhindert werden können. Dr. Meißner habe am Telefon erklärt, ein Vortrag bei Hitler sei gänzlich ausgeschlossen. Die Presse habe den Fall in der Öffentlichkeit schon zu stark herausgestellt. Hitler lasse sich von seinem Entschluss nicht abbringen. Danach sei ihm nichts anderes übrig geblieben, als die Situation für die ihm unterstellte Gefängnisverwaltung durch seine Anweisung zur Auslieferung zu erleichtern. Es sei völlig unrealistisch anzunehmen, er hätte sich dem Befehl Hitlers oder dem Herausgabeverlangen der Gestapo aktiv widersetzen können. Eine Weigerung hätte für ihn wie für das gesamte Justizwesen katastrophale Folgen gehabt. Luftglass wäre schließlich doch nicht vor dem Zugriff der Gestapo bewahrt worden.

In anderen Fällen sei es ihm gelungen, Überstellungen zu verhindern. Der Nachweis dafür sei wegen der Vernichtung der Unterlagen des Reichsjustizministeriums schwer zu erbringen.

Das beklagte Land widerspricht nicht dem Vorbringen von Schlegelberger, dieser habe sich bemüht, Führerbefehle zur Überstellung von Strafgefangenen an die Gestapo nach Möglichkeit zu umgehen oder wenigstens zu verzögern. Es sei jedoch urkundlich nicht belegt, dass Schlegelberger auch nur in einem Fall eine Überstellung an die Gestapo verhindert habe.

Als weiteren Eingriff von Schlegelberger in ein abgeschlossenes Strafverfahren führt der Beklagte den Fall Schlitt an, den Hitler in seiner Reichstagsrede am 26. April 1942 erwähnt hatte.

Eine Strafkammer des Landgerichts Oldenburg hatte Schlitt am 14. März 1942 wegen schwerer Körperverletzung mit Todesfolge, begangen an seiner Ehefrau, zu einer Zuchthausstrafe von fünf Jahren und zur Aberkennung der bürgerlichen Ehrenrechte auf die gleiche Dauer verurteilt. Noch in derselben Nacht wies der äußerst erregte Hitler, als er durch eine Zeitungsnotiz von dem Urteil erfuhr, Schlegelberger und Freisler persönlich in lautstark geführten Telefonaten an, für die Beseitigung des Urteils und für die Todesstrafe zu sorgen.

Schlegelberger trägt dazu vor, bei dem nächtlichen Anruf habe er Hitler lediglich erwidert, er werde den Fall anhand der Akten nachprüfen lassen. Mit Freisler und dem Präsidenten des Reichsgerichts Dr. Bumke habe er die Sache dann im Reichsjustizministerium besprochen. Die Anordnung Hitlers, das Urteil zu revidieren, habe nicht unbeachtet bleiben können. Das Reichsjustizministerium sei deshalb genötigt gewesen, das gesetzlich vorgesehene Rechtsmittel des außerordentlichen Einspruchs einlegen zu lassen. Die Besprechungsteilnehmer seien übereinstimmend der Ansicht gewesen, dass das Urteil tatsächlich zu milde ausgefallen sei. Er habe dann durch den Oberreichsanwalt gegen das Urteil den außerordentlichen Einspruch einlegen lassen. Am 31. März 1942, also schon 17 Tage später, verurteilte der besondere Senat des Reichsgerichts unter dem Vorsitz von Dr. Bumke Schlitt zum Tode und zum dauernden Verlust der bürgerlichen Ehrenrechte und der Wehrwürdigkeit. Das Urteil wurde am 2. April 1942 vollstreckt.

Der Beklagte hält Schlegelberger weiter vor, er habe in zahlreichen Fällen das Legalitätsprinzip zugunsten von Parteifunktionären durchbrochen. Als Beispiel führt er die Fälle Knispel und Klinzmann an.

Der Kreisleiter der NSDAP Knispel hatte im Sommer 1937 vor einem Gericht einen Meineid geleistet. Zwei Bürger hatten in einer Eingabe an das Gericht darauf hingewiesen. Gegen sie wurde daraufhin Anklage wegen Verleumdung erhoben. Das Gericht sprach sie frei. Dagegen hatte die NSDAP beim Reichsjustizministerium Beschwerde geführt.

Der Beklagte behauptet, Schlegelberger habe von den Richtern die Änderung der abgesetzten Urteilsgründe zugunsten des meineidigen Kreisleiters verlangt und den Richtern persönliche Schwierigkeiten angedroht. Die Richter hätten das Ansinnen gleichwohl abgelehnt. Später seien sie versetzt worden. Der Verteidiger habe sich in einem ehrengerichtlichen Verfahren verantworten müssen.

Demgegenüber erwidert Schlegelberger, er habe sich in der Tat mit den Richtern über das Urteil unterhalten. Die Unterhaltung mit den Richtern habe sich aber in den angenehmsten Formen abgespielt. Selbstverständlich habe er in keiner Weise Druck auf sie ausgeübt, den entscheidenden Teil des Urteils zu ändern. Es sei nur erörtert worden, ob in dem umfangreichen und etwa 170 Seiten langen Urteil Angriffe gegen Knispel, die nicht unmittelbar zu Sache gehörten, eingeschränkt werden könnten. Nachteile hätten die beteiligten Richter jedenfalls durch die Justizverwaltung nicht erfahren.

Der Fall Klinzmann: Im Oktober 1940 wurde der Melker Robert Bloedling nach mehreren Scheunenbränden im Kreis Seehausen/Altark als Tatverdächtiger festgenommen. Die Polizei presste ihm mit brutaler Gewalt ein Geständnis ab. Bloedling wurde daraufhin zum Tode verurteilt. In der Hauptverhandlung hatte Bloedling Einzelheiten über seine Folterungen geschildert. Daraufhin wurde der Polizeibeamte Klinzmann wegen Körperverletzung im Amt angeklagt. Das Landgericht Stendal verurteilte ihn zu einer mehrmonatigen Gefängnisstrafe. Seine Revision verwarf das Reichsgericht durch Beschluss vom 24. November 1941 als offensichtlich unbegründet. Himmler war empört. Er protestierte mit einem Schreiben an das Reichsjustizministerium gegen das Urteil und kündigte an, dass er

die Handlungsweise des Hauptwachtmeisters der Schutzpolizei Klinzmann zum Anlass nehmen werde, ihm für sein umsichtiges und der Allgemeinheit nur nützliches Verhalten seine Anerkennung auszusprechen. ... Außerdem muss ich seine Tat belohnen, um nicht die Dienstfreudigkeit der Polizei durch derartige Urteile einschüchtern zu lassen. Schließlich aber muss K., dessen gerichtliche Verurteilung der Öffentlichkeit bekannt ist, auch nach außen hin sichtbar rehabilitiert werden.

Nachdem offenbar auch aus der Reichskanzlei Einwände gegen die Entscheidung geäußert wurden, schrieb Schlegelberger am 10. Dezember 1941 an den Chef der Reichskanzlei und erläuterte, dass auch ihm das gegen Klinzmann ausgesprochene Urteil unverständlich sei:

Schon alsbald, nachdem das gegen Klinzmann ergangene Urteil mir bekannt geworden war, ist deshalb angeordnet worden, dass das Urteil, falls es rechtskräftig würde, einstweilen nicht zu vollstrecken, sondern alsbald zur Gnadenfrage zu berichten sei. Inzwischen hat nun das Urteil gegen Klinzmann durch Beschluss des Reichsgerichts vom 24. November 1941, durch den die Revision als offensichtlich unbegründet verworfen worden ist, Rechtskraft erlangt. Unter Berücksichtigung Ihrer Stellungnahme zu dem Urteil habe ich, sehr verehrter Herr Reichsminister, nunmehr im Gnadenwege den Erlass der Strafe und der Kosten des Verfahrens sowie die Tilgung des Strafvermerks im Strafregister angeordnet.

Am 24. Dezember 1941 bestätigte Schlegelberger an Lammers, dass er das Verfahren niedergeschlagen habe. In einem Schreiben vom Februar 1942 erkannte Himmler die Bemühungen des Reichsjustizministeriums zur Niederschlagung des Verfahrens gegen Klinzmann an und erklärte, dass er ihn in der Zwischenzeit zum Stadtpolizeimeister befördert habe.

Schlegelberger äußert sich dazu, er habe so gehandelt, wie er es vor seinem Gewissen habe verantworten können. Er habe sich mit Himmler notgedrungen arrangieren müssen. Durch einen Gnadenerweis könne das Legalitätsprinzip nicht durchbrochen werden.

Zu 2. Verordnung über die Strafrechtspflege gegen Polen und Juden

Mit dem zweiten Hauptvorwurf des Beklagten wird Schlegelberger die Verantwortung für den Entwurf der „Verordnung über die Strafrechtspflege gegen Polen und Juden in den eingegliederten Ostgebieten" vom 4. Dezember 1941 (RGBl I S. 759) – sog. „Polen-Strafrechtsverordnung" –, die offenbare Unrechtsbestimmungen über Straftatbestand, Strafhöhe und Strafverfahren enthalte, vorgehalten.

Am 17. April 1941 leitete Schlegelberger dem Chef der Reichskanzlei den Entwurf der „Polen-Strafrechtsverordnung" zu, der der im Reichsgesetzblatt verkündeten Verordnung im Wesentlichen entspricht. In sein Übersendungsschreiben ist zur Begründung ausgeführt:

... Nachdem ich von der Willensäußerung des Führers Kenntnis erlangt hatte, dass die Polen (und wohl auch die Juden) auf strafrechtlichem Gebiete grundsätzlich anders wie die Deutschen zu behandeln sind, habe ich nach vorbereitenden Besprechungen mit den Oberlandesgerichtspräsidenten und Generalstaatsanwälten der eingegliederten Ostgebiete den anliegenden Entwurf über die Strafrechtspflege gegen Polen und Juden in den eingegliederten Ostgebieten und im Gebiet der ehemaligen freien Stadt Danzig aufgestellt.

Dieser Entwurf bedeutet ein völliges Sonderrecht sowohl auf dem Gebiet des sachlichen Strafrechts wie auf dem des Verfahrensrechts. Dabei sind weitgehend die Anregungen des Stellvertreters des Führers berücksichtigt worden. Nr. I Abs. 3 enthält einen allgemeingefassten Tatbestand, durch den künftig jedes strafwürdige, gegen das Deutschtum gerichtete Verhalten eines Polen oder Juden der Ostgebiete strafrechtlich erfasst werden und mit jeder Art von Strafe belegt werden kann. Diese Vorschrift wird ergänzt durch ... Nr. I Abs. 2, die absolute Todesstrafe androht, wenn gegen einen Deutschen wegen seiner Zugehörigkeit zum deutschen Volkstum eine Gewalttat begangen wird.... Nr. III ... setzt an die Stelle der reichsrecht-

lichen Gefängnis- und Zuchthausstrafen andere neuartige Freiheitsstrafen, nämlich das Straflager und das verschärfte Straflager … Darüber hinaus soll künftig nicht mehr zugelassen werden, dass der von einem deutschen Gericht verurteilte Pole und Jude ein Rechtsmittel gegen das Urteil einlegt (VI Abs. 1 und 2); auch ein Beschwerderecht steht ihm nicht zu, und ebenso kann er die Wiederaufnahme des Verfahrens nicht beantragen (X Abs. 1). Alle Urteile sollen sofort vollstreckbar sein (VI Abs. 1). Polen und Juden sollen künftig auch nicht mehr deutsche Richter als befangen ablehnen können (VII); sie sollen auch nicht mehr eidesfähig sein (IX) … Wichtig ist auch, dass nach Nr. X Abs. 2 über die Nichtigkeitsbeschwerde das örtlich zuständige Oberlandesgericht entscheidet, wodurch sichergestellt wird, dass in keinem Verfahren gegen Polen und Juden ein nicht in den Ostgebieten befindliches Gericht erkennt …

Nicht aufgenommen in den Entwurf ist die vom Stellvertreter des Führers zur Erörterung gestellte Einführung der Prügelstrafe, und zwar weder als kriminelle Strafart noch als Disziplinarstrafe. Mit dieser Strafart kann ich mich deshalb nicht einverstanden erklären, weil ihre Verhängung nach meinem Dafürhalten nicht dem Kulturstande des deutschen Volkes entspricht.

Das Strafverfahren aufgrund des Entwurfs wird danach durch höchste Schnelligkeit, gepaart mit sofortiger Vollstreckbarkeit des Urteils, gekennzeichnet sein und insoweit dem standesgerichtlichen Verfahren nicht nachstehen. Die Möglichkeit, in jedem geeigneten Fall schärfste Strafen anwenden zu können, wird die Strafrechtspflege in die Lage versetzen, an der Verwirklichung der politischen Ziele des Führers in den Ostgebieten tatkräftig mitzuwirken …

Durch die von Schlegelberger unterzeichnete Verordnung vom 31. Januar 1942 (RGBl I, S. 52) wurde ergänzend die Rückwirkung der neuen Straftatbestände auf Taten angeordnet, die vor dem Inkrafttreten der Polen-Strafrechtsverordnung begangen waren.

Verordnung über die Strafrechtspflege gegen Polen und Juden in den eingegliederten Ostgebieten.
Vom 4. Dezember 1941.

Der Ministerrat für die Reichsverteidigung verordnet mit Gesetzeskraft:

1. Sachliches Strafrecht

I.

(1) Polen und Juden haben sich in den eingegliederten Ostgebieten entsprechend den deutschen Gesetzen und den für sie ergangenen Anordnungen der deutschen Behörden zu verhalten. Sie haben alles zu unterlassen, was der Hoheit des Deutschen Reiches und dem Ansehen des deutschen Volkes abträglich ist.

(2) Sie werden mit dem Tode bestraft, wenn sie gegen einen Deutschen wegen seiner Zugehörigkeit zum deutschen Volkstum eine Gewalttat begehen.

(3) Sie werden mit dem Tode, in minder schweren Fällen mit Freiheitsstrafe bestraft, wenn sie durch gehässige oder hetzerische Betätigung eine deutschfeindliche Gesinnung bekunden, insbesondere deutschfeindliche Äußerungen machen oder öffentliche Anschläge deutscher Behörden oder Dienststellen abreißen oder beschädigen, oder wenn sie durch ihr sonstiges Verhalten das Ansehen oder das Wohl des Deutschen Reiches oder des deutschen Volkes herabsetzen oder schädigen.

(4) Sie werden mit dem Tode, in minder schweren Fällen mit Freiheitsstrafe bestraft,

1. wenn sie gegen einen Angehörigen der deutschen Wehrmacht oder ihres Gefolges, der deutschen Polizei einschließlich ihrer Hilfskräfte, des Reichsarbeitsdienstes, einer deutschen Behörde oder einer Dienststelle oder Gliederung der NSDAP eine Gewalttat begehen;

2. wenn sie Einrichtungen der deutschen Behörden oder Dienststellen oder Sachen, die deren Arbeit oder dem öffentlichen Nutzen dienen, vorsätzlich beschädigen;

3. wenn sie zum Ungehorsam gegen eine von den deutschen Behörden erlassene Verordnung oder Anordnung auffordern oder anreizen;

4. wenn sie die Begehung einer nach Abs. 2, 3 und 4 Nrn. 1 bis 3 strafbaren Handlung verabreden, in eine ernsthafte Verhandlung darüber eintreten, sich zu ihrer Begehung erbieten oder ein solches Anerbieten annehmen oder wenn sie von einer solchen Tat oder ihrem Vorhaben zu einer Zeit, zu der die Gefahr noch abgewendet werden kann, glaubhafte Kenntnis erhalten und es unterlassen, der Behörde oder dem Bedrohten rechtzeitig Anzeige zu erstatten;

5. wenn sie im unerlaubten Besitz einer Schußwaffe, einer Handgranate, einer Hieb- oder Stoßwaffe, von Sprengmitteln, Munition oder sonstigem Kriegsgerät betroffen werden oder wenn sie glaubhafte Kenntnis davon erhalten, daß ein Pole oder Jude sich im unerlaubten Besitz eines solchen Gegenstands befindet, und es unterlassen, der Behörde unverzüglich Anzeige zu erstatten.

II.

Polen und Juden werden auch bestraft, wenn sie gegen die deutschen Strafgesetze verstoßen oder eine Tat begehen, die gemäß dem Grundgedanken eines deutschen Strafgesetzes nach den in den eingegliederten Ostgebieten bestehenden Staatsnotwendigkeiten Strafe verdient.

III.

(1) Als Strafen werden gegen Polen und Juden Freiheitsstrafe, Geldstrafe und Vermögenseinziehung verhängt. Freiheitsstrafe ist Straflager von drei Monaten bis zu zehn Jahren. In schweren Fällen ist Freiheitsstrafe verschärftes Straflager von zwei bis zu fünfzehn Jahren.

(2) Auf Todesstrafe wird erkannt, wo das Gesetz sie androht. Auch da, wo das Gesetz Todesstrafe nicht vorsieht, wird sie verhängt, wenn die Tat von besonders niedriger Gesinnung zeugt oder aus anderen Gründen besonders schwer ist; in diesen Fällen ist Todesstrafe auch gegen jugendliche Schwerverbrecher zulässig.

(3) Die in einem deutschen Strafgesetz bestimmte Mindestdauer einer Strafe und eine zwingend vorgeschriebene Strafe dürfen nicht unterschritten werden, es sei denn, daß sich die Straftat ausschließlich gegen das eigene Volkstum des Täters richtet.

(4) An Stelle einer nicht beitreibbaren Geldstrafe tritt Straflager von einer Woche bis zu einem Jahr.

2. Strafverfahren

IV.

Der Staatsanwalt verfolgt Straftaten von Polen und Juden, deren Ahndung er im öffentlichen Interesse für geboten hält.

V.

(1) Abgeurteilt werden Polen und Juden von einem Sondergericht oder dem Amtsrichter.

(2) Der Staatsanwalt kann die Anklage in allen Sachen vor dem Sondergericht erheben. Er kann die Anklage vor dem Amtsrichter erheben, wenn keine schwerere Strafe als fünf Jahre Straflager oder drei Jahre verschärftes Straflager zu erwarten ist.

(3) Die Zuständigkeit des Volksgerichtshofs bleibt unberührt.

VI.

(1) Jedes Urteil ist sofort vollstreckbar; jedoch kann der Staatsanwalt gegen Urteile des Amtsrichters Berufung an das Oberlandesgericht einlegen. Die Berufungsfrist beträgt zwei Wochen.

(2) Auch das Beschwerderecht steht allein dem Staatsanwalt zu; über die Beschwerde entscheidet das Oberlandesgericht.

VII.

Polen und Juden können deutsche Richter nicht als befangen ablehnen.

VIII.

(1) Verhaftung und vorläufige Festnahme sind stets zulässig, wenn dringender Tatverdacht vorliegt.

(2) Im Vorverfahren kann auch der Staatsanwalt die Verhaftung und die sonst zulässigen Zwangsmittel anordnen.

IX.

Polen und Juden werden im Strafverfahren als Zeugen nicht beeidigt; auf eine unwahre uneidliche Aussage vor Gericht finden die Vorschriften über Meineid und Falscheid sinngemäß Anwendung.

X.

(1) Die Wiederaufnahme des Verfahrens kann nur der Staatsanwalt beantragen. Über Anträge auf Wiederaufnahme des Verfahrens gegen ein Urteil des Sondergerichts entscheidet dieses.

(2) Die Nichtigkeitsbeschwerde steht dem Generalstaatsanwalt zu; über sie entscheidet das Oberlandesgericht.

XI.

Polen und Juden können weder Privatklage noch Nebenklage erheben.

XII.

Gericht und Staatsanwalt gestalten das Verfahren auf der Grundlage des deutschen Strafverfahrensrechts nach pflichtgemäßem Ermessen. Sie können von Vorschriften des Gerichtsverfassungsgesetzes und des

Reichsstrafverfahrensrechts abweichen, wo dies zur schnellen und nachdrücklichen Durchführung des Verfahrens zweckmäßig ist.

3. Standgerichtliches Verfahren

XIII.

(1) Der Reichsstatthalter (Oberpräsident) kann in den eingegliederten Ostgebieten mit Zustimmung des Reichsministers des Innern und des Reichsministers der Justiz für seinen Verwaltungsbereich oder einzelne Teile davon anordnen, daß Polen und Juden wegen schwerer Ausschreitungen gegen Deutsche sowie wegen anderer Straftaten, die das deutsche Aufbauwerk ernstlich gefährden, bis auf weiteres von Standgerichten abgeurteilt werden können.

(2) Als Strafe wird von den Standgerichten die Todesstrafe verhängt. Die Standgerichte können auch von Strafe absehen und statt dessen die Überweisung an die Geheime Staatspolizei aussprechen.

(3) Das Nähere über die Besetzung der Standgerichte und ihr Verfahren regelt der Reichsstatthalter (Oberpräsident) mit Zustimmung des Reichsministers des Innern.

4. Ausdehnung des Geltungsbereichs

XIV.

(1) Die Vorschriften der Ziffern I bis IV dieser Verordnung gelten auch für Polen und Juden, die am 1. September 1939 im Gebiet des ehemaligen polnischen Staates ihren Wohnsitz oder ständigen Aufenthalt gehabt haben und die Straftat in einem anderen Gebiet des Deutschen Reiches als in den eingegliederten Ostgebieten begangen haben.

(2) Örtlich zuständig ist auch das Gericht des damaligen Wohnsitzes oder Aufenthaltsorts; für dieses gelten auch die Vorschriften der Ziffern V bis XII.

(3) Abs. 1 und 2 gelten nicht für Straftaten, die von den Gerichten des Generalgouvernements abgeurteilt werden.

5. Schlußvorschriften

XV.

Polen im Sinne der Verordnung sind Schutzangehörige und Staatenlose polnischen Volkstums.

XVI.

Artikel II der Verordnung über die Einführung des deutschen Strafrechts in den eingegliederten Ostgebieten vom 6. Juni 1940 (Reichsgesetzbl. I S. 844) findet auf Polen und Juden keine Anwendung mehr.

XVII.

Der Reichsminister der Justiz wird ermächtigt, im Einvernehmen mit dem Reichsminister des Innern die zur Durchführung und Ergänzung dieser Verordnung erforderlichen Rechts- und Verwaltungsbe-

stimmungen zu erlassen und Zweifelsfragen im Verwaltungswege zu entscheiden.

XVIII.

Die Verordnung tritt am vierzehnten Tage nach ihrer Verkündung in Kraft.

Berlin, den 4. Dezember 1941.

Der Vorsitzende
des Ministerrats für die Reichsverteidigung

Göring
Reichsmarschall

Der Generalbevollmächtigte für die Reichsverwaltung

Frick

Der Reichsminister und Chef der Reichskanzlei

Dr. Lammers

Verordnung
zur Ergänzung der Verordnung über die Strafrechtspflege gegen Polen und Juden in den eingegliederten Ostgebieten.
Vom 31. Januar 1942.

Auf Grund von Ziffer XVII der Verordnung über die Strafrechtspflege gegen Polen und Juden in den eingegliederten Ostgebieten vom 4. Dezember 1941 (Reichsgesetzbl. I S. 759) wird verordnet:

Artikel I

Die Ziffern I bis III der Verordnung vom 4. Dezember 1941 (Reichsgesetzbl. I S. 759) können mit Zustimmung des Staatsanwalts auch auf Taten angewendet werden, die vor dem Inkrafttreten der Verordnung begangen sind.

Artikel II

(1) Das Gericht kann in jedem Fall anordnen, daß Polen und Juden als Zeugen durch einen beauftragten oder ersuchten Richter vernommen werden; § 251 Abs. 2 der Reichsstrafprozeßordnung und § 252 Abs. 3 der österreichischen Strafprozeßordnung bleiben unberührt.

(2) Die Vorschrift gilt auch für Polen und Juden, die am 1. September 1939 im Gebiete des ehemaligen polnischen Staates ihren Wohnsitz oder Aufenthalt hatten und in einem anderen Gebiet des Deutschen Reichs als Zeugen vernommen werden.

Berlin, den 31. Januar 1942.

Der Reichsminister der Justiz
Mit der Führung der Geschäfte beauftragt:
Dr. Schlegelberger

Der Reichsminister des Innern
In Vertretung
Pfundtner

Schlegelberger macht hierzu geltend, er habe die Verordnung weder vorbereitet noch unterzeichnet. Der Verordnungsentwurf sei in der alleinigen Zuständigkeit Freislers ausgearbeitet worden. Und nun bringt er eine überraschende Argumentation. Er meint, sein Schreiben an Lammers stelle den geglückten Versuch dar, mit „der Schärfe des Ausdrucks sachliche Milde zu tarnen". Angesichts der von Himmler angestrebten Polizeizuständigkeit für die Strafjustiz gegen Polen sei die Verordnung ein „kleineres Übel" gewesen. Dem Reichsjustizministerium sei es in erster Linie um die Wahrung der Zuständigkeit der Justiz gegangen. Fast 62.000 nach der Polen-Strafrechtsverordnung verurteilte Polen und Juden seien vor einem ungewissen Schicksal in der Hand der Polizei bewahrt worden. Die Gerichte hätten in 16.939 Fällen Geldstrafen, in 45.197 Fällen Freiheitsstrafen und prozentual gesehen verhältnismäßig wenig, nämlich nur 530 Todesstrafen, verhängt. Thierack habe sich gegenüber der Absicht, die Polen-Strafjustiz der SS und der Polizei zu übertragen, sehr viel willfähriger gezeigt. Bereits Anfang Oktober 1942, wenige Wochen nach dessen Amtsantritt als Reichsjustizminister, habe er Himmler grundsätzliche Zugeständnisse gemacht und dem Reichsführer-SS die gesamte Strafverfolgung von Polen, Russen, Zigeunern und Juden überlassen.

Der Beklagte hat demgegenüber erhebliche Zweifel angemeldet, ob Schlegelberger die Verordnung entworfen und begründet habe, um das Polen-Strafrecht dem Zugriff der SS zu entziehen. Aus seinem Schreiben an Lammers gehe hervor, dass die Verordnung im Wesentlichen den Vorschlägen des „Stellvertreters des Führers" entsprochen habe. Kennzeichnend für den auch vom Reichsjustizministerium mit der Verordnung verfolgten Zweck sei, wie Freisler in seinem Referat „Strafrecht und Fremdvölker" ausgeführt habe, die Forderung nach einer Konkurrenz zwischen polizeilichen und gerichtlichen Maßnahmen. Auch der spätere Reichsjustizminister Thierack und andere Parteikreise hätten die Polen-Strafrechtsverordnung als ein ausreichendes Instrument nationalsozialistischen Terrors angesehen und die Zuständigkeit der Sondergerichte beibehalten.

Hierzu noch einige Ergänzungen: Die Bezeichnung der Bestimmungen als „Polen -Strafrechtsverordnung" verdeckt die Tatsache, dass sich die Strafbestimmungen daneben auch auf die von der Vorschrift erfassten Juden bezieht, weil dies „wohl" dem Willen des Führers entsprochen habe. Sie bezieht sich entgegen ihrer Bezeichnung auch nicht nur auf Straftaten in den besetzten Gebieten in Polen sondern auf das Gebiet des gesamten Reichs. Durch ihr rückwirkendes Inkrafttreten wurden für die betroffenen Personen Straftatbestände nachträglich geschaffen, die wegen ihrer Weite den Strafgerichten die Möglichkeit für schärfste Strafen schon für geringes Unrecht gaben. Weiter bedürfen die Zahlen, die Schlegelberger angegeben hat, einer Korrektur. Aus der „Führerinformation Nr. 92" aus dem Jahre 1942 ergibt sich, dass lediglich im ersten Halbjahr 1942 und nur gegen Polen aufgrund der Polen-Strafrechtsverordnung 530 Todesurteile ergangen sind. Darunter sind zahlreiche Todesurteile wegen sog. Kriegsdelikte wie

Rundfunkverbrechen (2), Schwarzschlachtungen (20), Schiebungen mit Kleiderkarten (2), Amtsanmaßungen (2), Aufsässigkeiten gegen deutsche Dienstherrn (14), Schädigungen des Wohls des deutschen Volkes (unter anderem Geschlechtsverkehr mit deutschen Frauen) (10).

Aufgrund der Polen-Strafrechtsverordnung sind deshalb mit Sicherheit wesentlich mehr als die von Schlegelberger genannten Todesurteile ergangen, wenn es dazu auch keine konkreten Erhebungen gibt.

Die nach dem Kriege veröffentlichten Urteile lassen, wie es durch die geschaffenen Rechtsgrundlagen auch gewollt war, in erschreckendem Maße erkennen, zu welchen absurden und grausamen Entscheidungen die Polen-Strafrechtsverordnung ermächtigt hat. Die Sonderstrafgerichte urteilten aufgrund dieser Rechtsgrundlage kurz und bündig:

Landgericht Essen, Urteil vom 22.04.1943: „Der Angeklagte wird wegen Diebstahls eines Pullovers und eines Schals bei Instandsetzungsarbeiten in einem bombenbeschädigten Haus nach Nr. II und III der Polen-Straf-

rechtsverordnung zum Tode verurteilt. Die Kosten des Verfahrens fallen dem Angeklagten zur Last".

Sondergericht Zichenau, Urteil vom 26.08.1942: „Der Angeklagte wird wegen unerlaubten Munitionsbesitzes nach § 1 Ziff. 5 der Polen-Strafrechtsverordnung zum Tode verurteilt. Die Kosten des Verfahrens fallen dem Angeklagten zur Last.

Sondergericht Reichenau, Urteil vom 29.06.1944: „Die Angeklagte hat den Kriminalsekretär H. geohrfeigt. Sie wird daher wegen einer Gewalttat gegen einen deutschen Polizeibeamten aufgrund der Polen-Strafrechtsverordnung zum Tode verurteilt.

Schlegelberger unterrichtete Hitler in der Führerinformation Nr. 66 vom 3. Juli 1942:

Bisher konnte der Geschlechtsverkehr eines Polen mit einer deutschen Frau vom Gericht nur bestraft werden, wenn er gewaltsam (Notzucht) oder an einem Mädchen im Schutzalter (unter 14 Jahren) vorgenommen wurde. Das besondere Polen-Strafrecht ermöglich nunmehr auch die Bestrafung des Polen, der die Ehre der deutschen Frau dadurch angreift, dass er mit einer Deutschen in deren Einverständnis geschlechtlich verkehrt. In einem solchen Fall hat jetzt das Sondergericht in Stuttgart ein Todesurteil gefällt.

Zu 3. Die sog. „Endlösung der Judenfrage"

Weiter wirft das beklagte Land Schlegelberger sein Verhalten im Zusammenhang mit der Vorbereitung der sogenannten „Endlösung der Judenfrage" vor.

Schlegelberger war als Vertreter des Reichsjustizministeriums von dem Chef der Sicherheitspolizei und des Sicherheitsdienstes Heydrich zu einer Geheimbesprechung, die am 6. Dezember 1941 stattfinden sollte, eingeladen worden. Nach einer neuen Terminierung kamen am 20. Januar 1942 in Berlin-Wannsee 15 Staatssekretäre und Polizei- und Parteiführer als Vertreter der beteiligten Ressorts in einer von der SS beschlagnahmten Villa am Wannsee zu einer grundlegenden Besprechung über die sogenannte „Endlösung der Judenfrage" mit anschließendem Frühstück zusammen. Die Besprechung begann um 12.00 Uhr und dauerte etwa 90 Minuten. Protokollführer waren Adolf Eichmann und eine unbekannt gebliebene Sekretärin. Die Veranstaltung endete gegen 15.00 Uhr. Dass überhaupt etwas über diese historisch bedeutsame Besprechung, die unter dem Namen „Wannsee-Konferenz" bekannt geworden ist, überliefert ist, ist nur einem Zufall zu verdanken. Die 16. Protokollausfertigung der 30 unter „Geheime Reichssache" gefertigten Protokollabschriften wurde von den Amerikanern 1947 in den Akten des Auswärtigen Amtes in einem Aktenordner mit der Aufschrift „Endlösung der Judenfrage" gefunden. Aus dem Protokoll und aus dem tatsächlichen Geschehensablauf ergibt sich hinreichend sicher, dass auf dieser Besprechung nicht die „Endlösung der Judenfrage" beschlossen wurde. Diese Entscheidung beruht wohl auf einer bislang unbekannt gebliebenen Anordnung Hitlers. Diese hatte schon am 31. Juli 1941 zu einem Schreiben von Göring an Heydrich geführt, in dem Heydrich aufgefordert wurde, alle erforderlichen Vorbereitungen in organisatorischer, sachlicher und materieller Art

zur Durchführung der angestrebten Endlösung der Judenfrage vorzulegen.

Bereits im Oktober 1941 fanden die ersten Deportationen von Juden statt.

Die historische Bedeutung der Wannsee-Konferenz besteht darin, dass dies die einzige nachweisbare Veranstaltung ist, auf der auf höchster ministerieller Ebene die organisatorischen Fragen dieser beispiellosen Maßnahme besprochen worden sind. Heydrich leitete die Besprechung. Für das Reichsjustizministerium nahm Freisler teil. Was tatsächlich besprochen worden ist, ist nicht bekannt. Die überlebenden Teilnehmer wollten oder konnten sich daran nicht erinnern. Der Protokollentwurf, in einer Art Tarnsprache verfasst, ist nach der Aussage von Eichmann im Jahre 1961 in seinem Prozess in Jerusalem von Heydrich dreimal überarbeitet worden. Nach dessen Aussage war Heydrich selbst überrascht, wie reibungslos das Gespräch verlief und dass kein grundsätzlicher Widerstand geäußert wurde.

Das Protokoll hält über das einleitende Referat Heydrichs unter anderem fest:

... Unter entsprechender Leitung sollen im Zuge der Endlösung die Juden in geeigneter Weise im Osten zum Arbeitseinsatz kommen. In großen Arbeitskolonnen, unter Trennung der Geschlechter, werden die arbeitsfähigen Juden straßenbauend in diese Gebiete geführt, wobei zweifellos ein großer Teil durch natürliche Verminderung ausfallen wird. Der allfällig endlich verbleibende Restbestand wird, da es sich bei diesem zweifellos um den widerstandsfähigsten Teil handelt, entsprechend behandelt werden müssen, da dieser, eine natürliche Auslese darstellend, bei Freilassung als Keimzelle eines neuen jüdischen Aufbaues anzusprechen ist (siehe die Erfahrung der Geschichte) ...

Wichtige Voraussetzung für die Durchführung der Evakuierung überhaupt sei, so führte Heydrich nach dem Protokoll weiter aus, die genaue Festlegung des in Betracht kommenden Personenkreises. Dazu ist in der Niederschrift vermerkt:

... Mischlinge ersten Grades sind im Hinblick auf die Endlösung der Judenfrage den Juden gleichgestellt ... Der von der Evakuierung auszunehmende Mischling ersten Grades, wird - um jede Nachkommenschaft zu verhindern und das Mischlingsproblem endgültig zu bereinigen - sterilisiert. Die Sterilisierung erfolgt freiwillig. Sie ist aber Voraussetzung des Verbleibens im Reich. Der sterilisierte „Mischling" ist in der Folgezeit von allen einengenden Bestimmungen, denen er bislang unterworfen ist, befreit. ... SS-Gruppenführer Hofmann steht auf dem Standpunkt, daß von der Sterilisierung weitgehend Gebrauch gemacht werden muss, zumal der Mischling, vor die Wahl gestellt, ob er evakuiert oder sterilisiert werden soll, sich lieber der Sterilisierung unterziehen würde.

Staatssekretär Dr. Stuckart stellt fest, dass die praktische Durchführung der eben mitgeteilten Lösungsmöglichkeiten zur Bereinigung der Mischehen und Mischlingsfragen in dieser Form eine unendliche Verwaltungsarbeit mit sich bringen würde. Um zum anderen auf alle Fälle auch den biologischen Tatsachen Rechnung zu tragen, schlug Staatssekretär Dr. Stuckart vor, zur Zwangssterilisierung zu schreiten. Zur Vereinheitlichung des Mischlingsproblems müssten ferner Möglichkeiten überlegt werden mit dem Ziel, dass der Gesetzgeber etwa sagt: „Diese Ehen sind geschieden". ... Mit der Bitte des Chefs der Sicherheitspolizei und des SD an die Besprechungteilnehmer, ihm bei der Durchführung der Lösungsarbeiten entsprechende Unterstützung zu gewähren, wurde die Besprechung geschlossen.

Im Anschluss an die Wannsee-Besprechung fand am 6. März 1942 im Reichssicherheitshauptamt eine Besprechung der Ministerialreferenten der beteiligten Ressorts statt. Das Reichsjustizministerium war durch einen Referenten vertreten. Nach der Niederschrift dieser Besprechung wurden vor allem die Vorschläge erörtert, Halbjuden zwangsweise zu sterilisieren und deren Ehen mit „Deutschblütigen" kraft Gesetzes zu scheiden.

Nachdem Schlegelberger über den Verlauf dieser Besprechung unterrichtet worden war, richtete er am 12. März 1942 an Lammers folgendes Schreiben:

Soeben wird mir von meinem Referenten über das Ergebnis der Sitzung vom 6. März betreffend Behandlung der Juden und Mischlinge vorgetragen. Ich erwarte jetzt noch die amtliche Niederschrift. Nach dem Vortrage meines Referenten scheinen sich Entschlüsse vorzubereiten, die ich zum großen Teil für völlig unmöglich halten muss. Da das Ergebnis der Besprechung, an denen ja auch ein Referent Ihres Hauses teilgenommen hat, die Unterlage für die Entschließung des Führers bilden soll, wäre es mir dringend erwünscht, mich noch rechtzeitig mit Ihnen persönlich über die Angelegenheit zu unterhalten. Sobald die Niederschrift der Sitzung vorliegt, werde ich mir erlauben, Sie anzurufen und Sie zu befragen, ob und wann eine Rücksprache stattfinden könnte.

Lammers erklärte sich bereit, demnächst mit Schlegelberger, der offenbar glaubte, die Entscheidung Hitlers sei noch offen, diese Fragen zu erörtern. Ob die Besprechung stattgefunden hat, steht nicht fest.

Am 5. April 1942 leitete Schlegelberger den Teilnehmern der Wannsee-Besprechung die Stellungnahme des Reichsjustizministeriums zu, in der es unter anderem heißt:

Die Endlösung der Judenfrage setzt eine klare, für immer maßgebende Abgrenzung des Personenkreises voraus, für den die in Aussicht genommenen Maßnahmen getroffen werden sollen. Eine solche Abgrenzung ergibt sich nur, wenn von vornherein davon abgesehen wird, die jüdischen Mischlinge zweiten Grades in die Regelung einzubeziehen. Die Maßnahmen zur Endlösung der Judenfrage sollten sich daher nur auf die Volljuden und jüdischen Mischlinge ersten Grades erstrecken, gegenüber Mischlingen zweiten Grades aber ausnahmsweise außer Betracht bleiben.

Wegen der Behandlung der jüdischen Mischlinge ersten Grades schließe ich mich der vom Reichsminister des Inneren in seinem Schreiben vom 16. Februar 1942 vertretenen Auffassung an, dass nämlich die Verhinderung der Fortpflanzung dieser Mischlinge ihrer Gleichschaltung mit den Volljuden und der damit verbundenen Abschiebung vorzuziehen ist. Dem würde es entsprechen, dass die Abschiebung bei denjenigen Halbjuden von vornherein ausscheidet, die nicht mehr fortpflanzungsfähig sind. Ein völkisches Interesse an der Lösung der Ehe zwischen einem solchen Halbjuden und einem Deutschblütigen besteht nicht.

Den fortpflanzungsfähigen Halbjuden sollte die Wahl gelassen werden, sich der Unfruchtbarmachung zu unterziehen oder in gleicher Weise wie Juden abgeschoben zu werden. Sowohl im Falle der Unfruchtbarmachung als auch im Falle der Abschiebung des Halbjuden wird man dem deutschblütigen Ehegatten die Möglichkeit geben müssen, die Auflösung der Ehe herbeizuführen. Ich habe keine Bedenken dagegen, dass der deutschblütige Teil die Möglichkeit erhält, sich ohne die Beschränkung des § 53 des Ehegesetzes von seinem unfruchtbar gemachten oder abgeschobenen Ehegatten in einem vereinfachten Verfahren scheiden zu lassen, ... Es wird zu überlegen sein, ob nicht Halbjuden, deren noch lebende Nachkommen nicht auch Halbjuden sind, sowohl von der Abschiebung als auch von der Unfruchtbarmachung verschont bleiben sollten. Gegen eine Scheidungserleichterung der Ehen zwischen Deutschblütigen und Juden habe ich keine Bedenken ...

Zu dem Vorwurf des Beklagten, er habe sich an der Vorbereitung der Massenmorde im Zuge der „Endlösung der Judenfrage" beteiligt, lässt sich Schlegelberger wie folgt ein: An der Wannsee-Besprechung habe Freisler aus eigenem Entschluss teilgenommen. Entsprechendes gelte für die Teilnahme seines Referenten an der weiteren Besprechung. Das Wannsee-Protokoll sei ihm nicht zur Kenntnis gebracht worden. Da das Reichsjustizministerium während seiner Amtstätigkeit mit der „Endlösung" nichts zu tun gehabt habe, hätte die Wannsee-Besprechung ihn auch nicht veranlassen können, sein Amt zur Verfügung zu stellen. Gegen das Ergebnis der Besprechung vom 6. März 1942 habe er sofort bei Lammers protestiert, obwohl er in der Sache keine Zuständigkeit besessen habe. Die Vorschläge in der Stellungnahme vom 5. April 1942 stammten von Juden selbst. Er hätte es für unverantwortlich gehalten, deren Anregung zu dem verzweifelten Ausweg nicht an die zuständigen Stellen weiterzuleiten.

Zu 4. Nacht- und Nebelerlass

Weiter legt der Beklagte Schlegelberger zur Last, durch Unterzeichnung der im Reichsjustizministerium ausgearbeiteten Verordnung zur Ausführung des sog. „Nacht- und Nebelerlasses" vom 7. Februar 1942 den Gerichten Verfahren aufgebürdet zu haben, in denen es keine rechtsstaatlichen Verfahrensgarantien mehr gegeben habe. Er habe damit die Justiz zu rechtsstaatswidrigen Zwecken missbraucht.

Hitler verfügte am 7. Dezember 1941 den als geheime Reichssache behandelten und deshalb nicht veröffentlichten sog. „Nacht- und Nebelerlass" gegen Widerstandshandlungen in den besetzten Gebieten. Bei Straftaten nichtdeutscher Zivilisten, die sich gegen das Reich und die Besatzungsmacht richteten und deren Sicherheit oder Schlagkraft gefährdeten, war danach grundsätzlich die Todesstrafe vorgeschrieben. Solche Straftaten waren nur dann in den besetzten Gebieten abzuurteilen, wenn zu erwarten war, dass gegen die Täter Todesurteile ergehen und schnellstens vollstreckt würden. Sonst waren die Widerstandskämpfer nach Deutschland zu überführen und der Gestapo und dem Sicherheitsdienst zur Aburteilung und zur Strafvollstreckung zu übergeben. Deutschen und ausländischen Dienststellen sollte auf Anfragen erklärt werden, der Stand des Verfahrens erlaube keine weitere Mitteilung. Die Betroffenen durften ihre Angehörigen nicht über ihr Verbleiben unterrichten. Die nach dem Nacht- und Nebelerlass Festgenommenen wurden oft kurzerhand in Konzentrationslager gebracht.

Dem Reichsjustizministerium wurde der Erlass am 12. Dezember 1941 durch den Chef des Oberkommandos der Wehrmacht Keitel, zu Händen von Schlegelberger mit der Bitte übersandt, die Verfahren nach dem Nacht- und Nebelerlass in die Justiz zu übernehmen. Das Reichsjustizministerium arbeitete darauf eine Durchführungsverordnung aus, die am 7. Februar 1942 von Schlegelberger unterzeichnet wurde. Sie bestimmte unter anderem: Ausländische Zeugen dürfen in den geheimen Sondergerichtsverfahren nur mit Zustimmung des Staatsanwalts vernommen werden, um zu verhindern, dass über das Schicksal der Gefangenen im Ausland etwas bekannt werde. Die Vorsitzenden der Sondergerichte hatten die Staatsanwaltschaft vor der Urteilsverkündung zu informieren, wenn sie von deren Strafantrag abweichen wollten.

Schlegelberger trägt hierzu vor, als Keitel ihn um die Übernahme der Verfahren gebeten habe, sei das Verschwinden der Gefangenen in Polizeigewahrsam bereits Tatsache gewesen. Die Betroffenen hätten vor dem ungewissen Schicksal, dem sie damit ausgeliefert gewesen seien, nur durch die Überleitung in ein gerichtliches Verfahren bewahrt werden können. Aus dieser Erwägung und um dem Erlass die Spitze zu brechen, habe er schweren Herzens die Übernahme der Verfahren nach dem Nacht- und Nebelerlass in die Justiz zugestimmt. Notgedrungen habe die Geheimhaltung für das gerichtliche Verfahren in Kauf genommen werden müssen. Bei den Verfahrensbestimmungen sei alles bis ins Kleinste durchdacht worden, um jede Möglichkeit der Übergabe der Gefangenen an die Polizei auszuschließen. Hätte er anders gehandelt, wären die Gefangenen in der Hand der Polizei geblieben. Ihre Aburteilung durch die Gerichte sei für die Betroffenen günstiger gewesen.

Zu 5. Vorschriften gegen Landesverrat

Der Beklagte hält Schlegelberger weiter seine Mitwirkung an dem „Gesetz zur Ergänzung der Vorschriften gegen Landesverrat" vom 22. November 1942 (RGBl I, S. 668) vor, das mit rechtsstaatlichen Vorstellungen unvereinbar sei.

Am 27. Mai 1942 leitete Schlegelberger den zuständigen Ressorts den Entwurf dieses Gesetzes zu. Anlass zu dem Gesetzentwurf, über den Schlegelberger Hitler durch Führerinformation Nr. 29/42 vom 29. Mai 1942 unterrichtete, waren der Prozess gegen den Juden Leo Sklarek wegen Vorbereitung zum Landesverrat vor dem Volksgerichtshof und der Prozess gegen einen Deutschen aus dem Memelland, der im Rahmen einer Unterstützungsaktion des Reiches für das Memelland militärische Geheimnisse an den Litauischen Staat verraten haben sollte. Da dies vor der so genannten Machtergreifung geschehen war, hatten die Strafbestimmungen des Gesetzes vom 24. April 1934 (RGBl I, S. 341), die die Vorschriften gegen Landesverrat seinerzeit verschärft hatten, nicht angewandt werden können. Der Entwurf ist mit unwesentlichen Änderungen während der Amtszeit Thieracks als Gesetz verkündet worden. Ob und inwieweit die Rückwirkungsanordnung in der Rechtsprechung angewendet worden ist, ist bisher nicht festgestellt worden.

Schlegelberger trägt dazu vor, wegen der Schwere des zu ahnenden Unrechts sei die Rückwirkung dieses notgedrungen von ihm vorbereiteten Gesetzes gegen Landesverrat mit rechtsstaatlichen Grundsätzen vereinbar. Auch im österreichischen Strafrecht sei die Rückwirkung von Strafvorschriften für Kriegsverbrechen, insbesondere für die Vorbereitung von Tätigkeiten, die unter Umständen als Landesverrat angesehen werden könnten, uneingeschränkt zulässig. Mit diesem Gesetzesentwurf sei er im Übrigen einer Forderung Himmlers entgegengetreten, der in solchen Fällen eine „allein gerechte" Bestrafung durch die Polizei angestrebt habe. Um eine generelle Ermächtigung der Polizei zu vermeiden, habe er angeregt, die Strafandrohung für das Delikt der Vorbereitung zum Landesverrat zu verschärfen.

Zu 6. „Euthanasie-Aktion"

Schlegelberger wird schließlich ein rechtsstaatswidriges Verhalten im Rahmen der sog. „Euthanasie-Aktion" vorgeworfen. In Kenntnis der rechtswidrigen Ziele und Methoden der Aktion habe Schlegelberger deren Tarnung im Justizbereich angeordnet und allen Justizorganen das von Rechts wegen gebotene Einschreiten unmöglich gemacht.

Die sog. „Euthanasie-Aktion" gründete sich auf einen nicht veröffentlichten Erlass Hitlers vom 1. September 1939, mit dem bestimmten Ärzten die Befugnis verliehen wurde,

dass nach menschlichem Ermessen unheilbaren Kranken bei kritischster Beurteilung ihres Krankheitszustandes der Gnadentod gewährt werden kann.

Nach vorsichtiger Schätzung sind daraufhin über 60.000 Menschen in Heil- und Pflegeanstalten heimlich getötet worden. Die Tötungen führten zu Beschwerden und zu Strafanzeigen von Angehörigen. Der Bischof von Münster, Graf Galen, erstattete ausdrücklich und öffentlich Strafanzeige. Der Vormundschaftsrichter Dr. Lothar Kreyssig aus Brandenburg untersagte die Verlegung seiner Mündel und richtete eine Strafanzeige wegen Mordes gegen den mit der Durchführung der Euthanasie-Aktion beauftragten Reichsleiter Bouhler. Dies führte zu mehreren Gesprächen des Amtsrichters mit Freisler und Dr. Gürtner, in denen er klarstellte, dass er auch in Kenntnis des Führererlasses die Aktion auf keinen Fall akzeptiere. Er wurde schließlich in den vorzeitigen Ruhestand versetzt, weitere dienstrechtliche Maßnahmen sind gegen ihn nicht durchgeführt worden. Er gilt als einer der wenigen „Widerstandskämpfer" innerhalb der Justiz des Dritten Reiches.

Auch Reichsjustizminister Dr. Gürtner, gläubiger Katholik, beschäftigte die geheim gehaltene Aktion. In einem Gespräch wird seine Ohnmacht gegenüber den Maßlosigkeiten Hitlers deutlich:

Es ist für einen Reichsjustizminister eine fatale Angelegenheit, wenn ihm von glaubwürdigster Seite gesagt wird, in deinem Reich wird am laufenden Band gemordet und du weißt nichts davon.

Er fordert deshalb, wie übrigens auch zunächst Freisler, eine gesetzliche Grundlage für die Tötungsaktion. Gürtner wandte sich deshalb mit einem Schreiben vom 24. Juli 1940 an den Chef der Reichskanzlei:

Sehr verehrter Kollege Lammers!

Aufgrund unserer gestrigen Aussprache übersende ich Ihnen die gewünschten Abdrucke. Wie Sie mir gestern mitgeteilt haben, hat der Führer es abgelehnt, ein Gesetz zu erlassen. Daraus ergibt sich nach meiner Überzeugung die Notwendigkeit, die heimliche Tötung von Geisteskranken sofort einzustellen. Das heutige Verfahren ist nicht zuletzt durch die versuchte Tarnung rasch und weithin bekannt geworden. Zu welchen Peinlichkeiten das führt, bitte ich aus den Beilagen zu entnehmen. Die Zahl solcher Anfragen wird sich mehren.

Es ist ungewöhnlich misslich, darauf amtlich einen Bescheid zu geben, denn weder die Tatsache noch der Inhalt einer Anordnung durch den Führer kann erkennbar gemacht werden. Der Standpunkt, die Reichsjustizverwaltung wisse von dem ganzen Verfahren nichts, ist den eigenen Behörden gegenüber unmöglich.

Ich darf wohl annehmen, dass Sie, sehr verehrter Herr Kollege Lammers, die beteiligten Stellen von dem Willen des Führers verständigt haben und bitte Sie dringend, mich über den Erfolg dieses Schrittes zu unterrichten.

Heil Hitler!
Ihr sehr ergebener
gez Gürtner

Gürtner erhielt daraufhin am 27. August 1940 eine Durchschrift des von Hitler unterzeichneten Geheimerlasses, die erhalten geblieben ist.

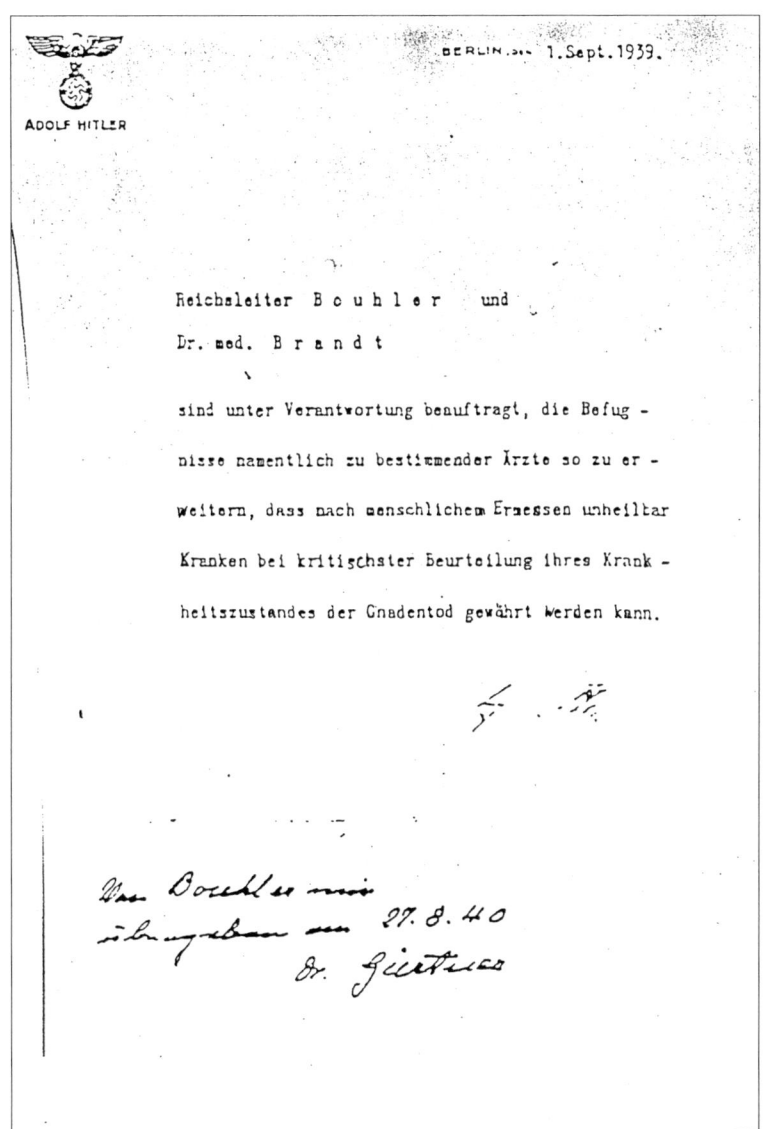

Außerdem schrieb ihm am 5. September 1940 Bouhler:

Sehr geehrter Herr Dr. Gürtner!
Unter Bezugnahme auf das dieser Tage geführte Telefongespräch darf
ich Ihnen folgendes mitteilen:
Auf Grund der Vollmacht des Führers habe ich als der für die Durchfüh-
rung der zu treffenden Massnahmen allein Verantwortliche die mir not-
wendig erscheinenden Anweisungen an meine Mitarbeiter gegeben.
Darüber hinaus erscheint mir der Erlass besonderer, schriftlich zu fixie-
render Ausführungsbestimmungen nicht mehr erforderlich.
Heil Hitler!
Ihr sehr ergebener
gez. Unterschrift

Spätestens mit der Übernahme der Leitung des Reichsjustizministeriums erhielt auch Schlegelberger Kenntnis von der „Euthanasie-Aktion". Am 4. März
1941 richtete er an Dr. Lammers ein Schreiben, in dem es einleitend heißt:

... Die Bedenken, die Sie in Ihrem Schreiben an Herrn Reichsleiter Bouh-
ler vom 24. Juli 1940 erörtert haben, veranlassen mich - damit einer
Weisung des verstorbenen Reichsjustizministers Gürtner folgend -, Ihnen
das Material zuzuleiten, das mir im Laufe der letzten Monate über die
Frage der Vernichtung lebensunwerten Lebens in Form von Eingaben,
Berichten und Denkschriften zugegangen ist. Die Massnahmen gegen
Lebensunfähige betreffen zwar nicht unmittelbar meinen Geschäftsbe-
reich; ich glaube aber, Ihre Aufmerksamkeit darauf lenken zu müssen,
dass die Vorgänge mittelbar in zahlreiche Gebiete der Reichsjustizver-
waltung eingreifen und zu einer bedenklichen Unsicherheit ihrer Arbeit
führen ...

Anschließend schilderte Schlegelberger die im Vormundschaftswesen, bei
den Staatsanwaltschaften und den Strafgerichten durch die Euthanasie-
Aktion entstandenen Schwierigkeiten.

Am 18. April 1941 übersandte Oberdienstleiter Brack aus der „Kanzlei des Führers" Schlegelberger „absprachegemäß" eine als „Geheime Reichssache" gekennzeichnete Mappe mit Formularen, die für die „medizinische" und für die „büromäßige" Bearbeitung Verwendung fanden.

Am 22. April 1941 gab Schlegelberger den Oberlandesgerichtspräsidenten und den Generalstaatsanwälten eine geheime Weisung betreffend „Vernichtung lebensunwerten Lebens":

```
Der Reichsminister der Justiz                    Berlin, den 22.April 1941
t der Wahrnehmung der Geschäfte beauftragt


        An
die Herren Oberlandesgerichtspräsidenten                    G e h e i m
und Generalstaatsanwälte

        Nachrichtlich:
dem Herrn Präsidenten des Reichsgerichts,
dem Herrn Präsidenten des Volksgerichtshofes,
den Herren Oberreichsanwälten.

Betrifft: Vernichtung lebensunwerten Lebens.


        Sachen, in denen die Frage der Vernichtung
    lebensunwerten Lebens eine Bedeutung haben kann,
    bitte ich, in Ihrem Bezirke in jedem Einzelfall
    zur Vortragssache bei Ihnen zu erklären.
```

89

Am 23. und 24. April 1941 fand auf Einladung Schlegelbergers in Berlin eine Arbeitstagung der Oberlandesgerichtspräsidenten und Generalstaatsanwälte statt, bei der unter anderem Brack und Prof. Dr. Heyde Vorträge über die Euthanasie-Aktion hielten. In der Öffnungsansprache appellierte Schlegelberger an die versammelten Gerichtspräsidenten und Generalstaatsanwälte,

sich bewusst und kompromisslos immer mehr in den nationalsozialistischen Staat einzuordnen

und führte zu den Vorträgen überleitend aus:

In Ihren mündlichen und schriftlichen Berichten, meine Herren, kehrt fortlaufend der Zweifel wieder, welche Bewandtnis es mit der Vernichtung lebensunwerten Lebens hat. Sie berichten über unglaubliche, im Volk herumschwirrende Gerüchte, und sie beklagen, dass sie sich außerstande sehen, aufklärend zu wirken, weil Ihnen das Wissen der Dinge fehlt. Diese Klage ist begründet. Ich habe deshalb alsbald nach der Übernahme des Ministeramtes Gelegenheit gesucht, mir selbst restlos Klarheit zu verschaffen, und ich danke auch an dieser Stelle dem Chef der Kanzlei des Führers, Reichsleiter Pg. Bouhler, für die eingehende Unterrichtung.

Die beklagte Behörde trägt vor, nach Beginn der Euthanasie-Aktion im Sommer 1940 seien dem Reichsjustizministerium alsbald aus den verschiedensten Kreisen Protestschreiben zugegangen. Alle Eingaben seien unbeantwortet geblieben. Gürtner habe Hitler vergeblich aufgefordert, entweder eine gesetzliche Grundlage für die Aktion zu schaffen oder die heimliche Tötung der Geisteskranken einzustellen. Hitler sei ein Gesetz aus politischen Gründen unerwünscht gewesen. Das Schreiben von Schlegelberger an Lammers vom 4. März 1941 habe keinen Erfolg gezeigt, die Tötungen seien in gleicher Weise fortgesetzt worden. Das Reichsjustizministerium habe damit vor der Entscheidung gestanden, entweder die zahlreichen Verfahren niederzuschlagen, also „mitzumachen", oder den bestehenden Gesetzen und rechtsstaatlichen Grundsätzen entsprechend die Verbrechen nachdrücklich zu verfolgen. Das Reichsjustizministerium sei unter der Führung Schlegelbergers den ersten Weg gegangen. Im Besitz der Mappe mit allen Tarnformularen habe er die Weisung vom 22. April 1941 erlassen, die bezweckt habe, diese Sachen aus der gebotenen Bearbeitung herauszuziehen. Auf eine Anfrage des Oberlandesgerichtspräsidenten in Köln, wie die Vorlage der betreffenden Sachen sichergestellt werden könne, ohne die Aktion mit den Amtsgerichten näher zu erörtern, habe Schlegelberger erwidert, es möge,

wie in Berlin besprochen, die Sache mit den Landgerichtspräsidenten vertraulich erörtert werden.

Das Reichsjustizministerium habe auch dem Ansinnen Bracks in dessen Schreiben vom 22. April 1941, bestimmte Verfahren niederzuschlagen, entsprochen. Schlegelberger sei ferner von Vorschlägen des Generalstaatsanwalts in Düsseldorf zur Tarnung der Verfahren unterrichtet gewesen. Aus dem dargelegten Verhalten Schlegelbergers ergebe sich, dass er in Kenntnis der Vorgänge die Tarnung der Aktion unterstützt und alle nach dem Gesetz gebotenen Verfahren zur Unterbindung oder Änderung der Aktion verhindert habe.

Schlegelberger entgegnet: Mit der „Euthanasie-Aktion" habe er während der Amtszeit Gürtners nichts zu tun gehabt. Wohl habe er gerüchteweise vom Massensterben in Heil- und Pflegeanstalten gehört. Kurz vor seinem Tode habe Gürtner ihn gebeten, alle Eingänge in Euthanasie-Sachen an Lammers zu schicken, vielleicht mache das noch Eindruck. Er habe dann Bouhler die Ungeheuerlichkeit des Verfahrens vorgestellt und alle Zuschriften Lammers zugeleitet. Die Taktik, immer wieder durch Beschwerden maßgeblicher, insbesondere kirchlicher Kreise, die Aktion zur Einstellung zu bringen, habe - wie er glaube - dazu geführt, dass die Aktion im August 1941 aus politischen Gründen abgebrochen worden sei. Er habe sich sein Verhalten sehr wohl überlegt und hätte in der damaligen Situation nicht noch mehr tun können. Eine strafrechtliche Verfolgung der Täter hätten Gürtner und er für aussichtslos angesehen. Dem Erlass von Hitler vom 1. September 1939 müsse wohl formelle Gesetzeskraft zugebilligt werden, da er von dem damaligen Staatsoberhaupt als dem Träger einer allumfassenden Staatsgewalt erlassen worden sei. Seine Ansprache auf der Tagung vom 23./ 24. April 1941 habe lediglich bezweckt, auf die formelle Seite der Aktion hinzuweisen und die Aussichtslosigkeit einer Strafverfolgung klarzumachen.

Der Berufungsvortrag des Landes Schleswig-Holstein

Zusammenfassend hat die beklagte Behörde zur Begründung ihrer Berufung vorgetragen, allen aufgeführten Amtshandlungen sei gemein, dass Schlegelberger gegen Grundsätze der Rechtsstaatlichkeit vorwerfbar verstoßen habe. Er habe auch schuldhaft gehandelt. In allen genannten Vorgängen habe er bewusst und gewollt Unrecht getan. Sowohl im Verfahren vor dem Nürnberger Militärgerichtshof als auch in dem vorliegenden Verfahren habe er vorgetragen, er sei sich dieses Unrechts durchaus bewusst gewesen. Er sei nur im Amt geblieben, um noch schlimmeres Unrecht zu verhindern.

Das angefochtene Urteil, mit dem das Verwaltungsgericht ihm gefolgt und zu der Auffassung gelangt sei, ihm habe das Bewusstsein gefehlt, pflichtwidrig zu handeln, sei nicht mehr haltbar, nachdem zahlreiche weitere Dokumente aufgefunden worden seien. Gewiss sei Schlegelberger nicht mit den führenden Männern der NSDAP wie etwa Bormann, Himmler oder Heydrich zu vergleichen, die verbrecherisch gehandelt hätten. Damit sei aber nicht gesagt, dass das während seiner Amtszeit in den Jahren 1941 und 1942 geschehene Unrecht, an dem er mitgewirkt habe, ihm nicht zuzurechnen sei. Ihm könne nicht ohne weiteres geglaubt werden, dass er nur in der Absicht im Amt geblieben sei, um die Grundsätze der Rechtsstaatlichkeit nach Möglichkeit aufrecht zu erhalten. Sein Verhalten lasse einen sicheren Schluss auf eine solche Gesinnung und Absicht nicht zu. Er habe die Maßnahmen zur Euthanasie-Aktion gebilligt, in dem er zugesagt habe, alle daraus entstehenden Verfahren niederzuschlagen. Die sogenannte Endlösung der Judenfrage habe er ohne Widerspruch hingenommen. Er habe Gesetze und Ausführungsbestimmungen zu Führer-Erlassen ausgearbeitet, die für ihn erkennbar zum Tode vieler unschuldiger Menschen geführt hätten. Das alles habe in keinem Verhältnis gestanden zu der Möglichkeit, vielleicht in einzelnen Fällen Eingriffe in die Rechtspflege zu verhindern. Spätestens nach der Reichstagsrede vom 26. April 1942, als Hitler das Recht für sich in Anspruch genommen hatte, jeden Richter aus seinem Amt zu entfernen, habe Schlegelberger gewusst, dass auch seine ständige Bereitschaft, das ihm angesonnene Unrecht mitzumachen und sich Hitler dienstbereit zu zeigen, vergeblich gewesen sei und sein werde. Damals habe er die gesetzliche Altersgrenze bereits erreicht gehabt und hätte ohne Schwierigkeiten sein Amt aufgeben können. Stattdessen habe er weiter daran mitgewirkt, in Gesetzgebung und Rechtsprechung offenbares Unrecht wirksam werden zu lassen, wie die aufgefundenen Urkunden zeigten.

Dem angefochtenen Bescheid stehe nicht entgegen, dass gegen Schlegelberger ein Disziplinarverfahren nach § 9 des Gesetzes zu Artikel 131 GG nicht eingeleitet worden sei. Ein solches Verfahren gegen ihn sei schon deswegen nicht möglich gewesen, weil erst in letzter Zeit danach habe geforscht werden können, in welcher Weise er in den Jahren 1941 und 1942 gewirkt habe. Bis dahin hätten deutschen Dienststellen die Archive nicht offen gestanden. Das Urteil des Nürnberger Militärgerichtshofes allein hätte zur Einleitung eines Disziplinarverfahrens schwerlich ausgereicht, denn es enthalte nicht die Beweise, die in einem Disziplinarverfahren hätten erbracht werden müssen. Die Verwirkung, auf die Schlegelberger sich berufe, scheitere daran, dass die im Jahre 1957 durch das 2. Änderungsgesetz zum Gesetz zu Artikel 131 GG eingeführte Vorschrift des § 3 Nr. 3 a sich wesentlich von der Vorschrift des § 9 des Gesetztes unterscheide. Die beiden Vorschriften hätten von vornherein einen sachlich unterschiedlichen Gehalt.

Die Erwiderung Schlegelbergers

Gegenüber dem Antrag des beklagten Landes, das angefochtene Urteil zu ändern und die Klage abzuweisen, beantragte Schlegelberger, die Berufung zurückzuweisen. Er meinte, der Beklagte habe das Recht verwirkt, festzustellen, dass ihm Rechte nach dem Gesetz zu Artikel 131 GG nicht mehr zustehen. Bei der Feststellung nach § 3 Nr. 3 a handele es sich nur um die verfahrensrechtliche Ergänzung des Disziplinarverfahrens nach § 9 des Gesetzes, das schon in der ursprünglichen Fassung des Gesetzes vom Jahre 1951 vorgesehen gewesen sei. Daher habe er sich schon vor und auch nach dem Erlass des zweiten Änderungsgesetzes im Jahre 1957 darauf einrichten dürfen, dass ihm die Versorgungsbezüge erhalten blieben.

Im Berufungsverfahren würden nunmehr zahlreiche Amtshandlungen, vor allem aus der Zeit, in der er mit der Wahrnehmung der Geschäfte des Reichsjustizministers beauftragt gewesen sei, aneinandergereiht und ihm einzeln vorgehalten. Entscheidend müsse es aber auf sein Gesamtverhalten während der Herrschaft des Nationalsozialismus ankommen. Seine Tätigkeit sei von zahlreichen Umständen der damaligen Verhältnisse abhängig gewesen, die heute in ihrem Umfang und in ihrem Gewicht kaum noch richtig eingeschätzt werden könnten. Das sei aber Voraussetzung für eine zutreffende Würdigung seines Verhaltens.

Verkannt habe das beklagte Land, dass durch das Ausleseverfahren nach § 3 Nr. 3 a Gesetz 131 nur diejenigen getroffen werden sollten, die durch ein aktives Verhalten ihr Amt zu rechtsstaatswidrigen Handlungen missbraucht hätten. Er dagegen habe keine Eigeninitiative zu rechtsstaatswidrigen Maßnahmen ergriffen. Bei einer richtigen Prüfung komme es allein auf die Gründe an, die ihn zu seinem Handeln und zu seinem Unterlassen geführt hätten. Ihm könne es nicht zum Vorwurf gereichen, dass er sich im Jahre 1941 entschlossen habe, die Geschäfte des Reichsjustizministers zu übernehmen, weil er damit dem weiteren Zerfall der Rechtsstaatlichkeit nach Kräften entgegenwirken wollte. Von dieser Gesinnung habe er sich in diesem und im nächsten Jahr leiten lassen. Zu berücksichtigen sei auch die staatsrechtlich Lage, in der sich das Reich damals befunden habe. Dies sei für ihn ein unentrinnbares Schicksal gewesen, mit dem er sich habe abfinden müssen. Es sei ihm, nachdem acht Jahre zuvor das Ermächtigungsgesetz ergangen sei, in dem von Hitler beherrschten Staate schlechterdings unmöglich gewesen, die rechtsstaatlichen Grundsätze aus der Zeit vor dem Jahre 1933 zu erhalten oder wiederherzustellen. Das habe damals auch niemand von ihm erwartet. Er habe sich auf den Boden der Tatsachen stellen müssen. Diese seien nicht vom Reichsjustizministerium geschaffen worden. Der Versuch, den er unternommen habe, nach den noch vorhandenen Möglichkeiten und nach seinen Kräften die Rechtsstaatlichkeit aufrecht zu erhalten, könne ihm nicht als Verstoß gegen die Rechtsstaatlichkeit ausgelegt werden. Seine Bemühungen, Unrecht zu verhindern, seien auch nicht von vornherein aussichtslos gewesen. Unerheblich sei es, ob er im einzelnen Erfolg gehabt habe. Er habe das erreicht, was nur eben habe erreicht werden können. Ihm habe nicht, wie in dem angefochtenen Urteil ausgeführt, das Unrechtsbewusstsein gefehlt. Er habe nicht bewusst Unrechtes, sonders bewusst Rechtes getan, wie es seine Pflicht gewesen sei.

Die beigeladene Bundesrepublik Deutschland hat sich dem Antrag des beklagten Landes angeschlossen und den angefochtenen Verwaltungsakt verteidigt.

Soweit der wesentliche Sachverhalt.

Das gerichtliche Verfahren

Nachdem zu erwarten war, dass das Berufungsverfahren Schlegelberger bei dem 5. Senat des Oberverwaltungsgerichts Lüneburg anhängig werden würde, wurde zunächst vom Präsidium des Oberverwaltungsgerichts ein „belasteter" Kollege aus diesem in einen anderen Senat versetzt. Den Vorsitz im 5. Senat, dem Beamtensenat, führte in dieser Zeit Senatspräsident Dr. Tietgen, der im Laufe des Verfahrens Präsident des Landessozialgerichts Schleswig wurde und damit aus dem Oberverwaltungsgericht ausschied. Entschieden wurde das Berufungsverfahren von Senatspräsident Dr. Stampehl als Vorsitzendem, Oberverwaltungsgerichtsrat Brien als Berichterstatter und Oberverwaltungsgerichtsrat Müller-Tochtermann. Weiter wirkten die ehrenamtliche Verwaltungsrichter Lüdemann und Paetzold mit.

Der 5. Senat des Oberverwaltungsgerichts Lüneburg hat zunächst in zwei Erörterungsterminen in Lüneburg am 17. Februar 1961 und 21. Juni 1962, an denen Schlegelberger persönlich teilnahm, umfassend die Sach- und Rechtslage mit den Beteiligten besprochen und – erfolglos – eine vergleichsweise Einigung angeregt.

An der mündlichen Verhandlung des Senats am 28. und 29. November 1962 nahm der zu diesem Zeitpunkt 88jährige Schlegelberger nicht teil. Er wurde durch seine Prozessbevollmächtigten vertreten. Das Urteil des Senats wurde in einem Verkündungstermin am 3. Dezember 1962 verkündet. Die Absetzung des Urteils nahm danach mehrere Monate in Anspruch

Die Entscheidung

Mit seinem Urteil hob der Senat das Urteil des Verwaltungsgerichts auf und wies die Klage Schlegelbergers gegen den Entzugsbescheid ab. Das Oberverwaltungsgericht bestätigte damit entgegen der ersten Instanz die Feststellung, Schlegelberger habe keine Rechte aus Kapitel I des Gesetzes zu Artikel 131 GG. Die Revision wurde zugelassen.

Das Urteil ist in dem erhaltenen Urteilsabdruck 98 Seiten lang. Es wurde auszugsweise und stark gekürzt veröffentlicht in OVGE 18, 446 und in ZBR 1964, 56. Weitere Veröffentlichungen sind nicht erfolgt. Die sorgfältig formulierten Entscheidungsgründe umfassen im Urteilsabdruck nach der umfangreichen Schilderung des Tatbestandes fast 50 Seiten. Diese kann ich hier nicht im Einzelnen referieren. Ich will aber versuchen, die wesentlichen und tragenden Erwägungen des Gerichts zusammenzufassen.

Zunächst verwirft das Gericht die formellen Einwände Schlegelbergers gegen den angefochtenen Bescheid (Unzuständigkeit des beklagten Innenministers, Verfassungswidrigkeit der Vorschrift des § 3 Nr. 3 a Gesetz 131,

Verwirkung wegen fehlenden Disziplinarverfahrens, unzulässiges neues Vorbringen in der zweiten Instanz).

Dann stellt das Gericht in einer Art allgemeinem Teil fest, dass auch während der Zeit des Nationalsozialismus übergeordnete und überpositive verbindliche Rechtsgrundsätze für den Staat und seine Organe gültig gewesen seien. Dazu hätte das Rechtsstaatsprinzip gehört. Es hätten demnach nach wie vor die Grund- und Freiheitsrechte, die Grundsätze der Gesetzmäßigkeit von Justiz und Verwaltung, der Unabhängigkeit der Rechtspflege und der Bestrafung nur aufgrund eines formellen Gesetzes Gültigkeit gehabt. Verstöße gegen diese Grundsätze seien für den Ausschluss von der beamtenrechtlichen Versorgung allerdings nur beachtlich, wenn sie in erheblichem Maße und schuldhaft pflichtwidrig verfolgt seien.

Dies sei Schlegelberger vorzuwerfen. Er habe schon durch seine ständigen und massiven Eingriffe in die Rechtspflege, seine Mitwirkung an der Polen-Strafrechtsverordnung und mit seiner Beteiligung an der sogenannten Endlösung der Judenfrage gegen fundamentale rechtsstaatliche Grundsätze verstoßen. Auf die anderen Vorgänge komme es deshalb für die Entscheidung nicht mehr an.

Schlegelberger habe die Leiter der obersten Gerichte und Staatsanwaltschaften wiederholt zu rechtsstaatswidrigen Eingriffen in die richterliche Unabhängigkeit angewiesen und habe auch selbst in den vorgetragenen Einzelfällen entsprechende Maßnahmen veranlasst. Die Überstellung des Kaufmanns Luftglas zur Exekution an die Gestapo sei ein besonders schwerwiegender Verstoß gegen die genannten Grundsätze. Durch die von Schlegelberger mitzuverantwortende Polen-Strafrechtsverordnung sei die Strafrechtspflege in den im Krieg besetzten Ostgebieten in ein Instrument des „politischen Volkstumskampfes" ohne Rücksicht auf den wahren Unrechtsgehalt der mit Strafe bedrohten Handlungen oder die persönliche Schuld des Täters pervertiert worden. Von einer Tarnung der sachlichen Milde durch die Schärfe des Ausdrucks könne angesichts des eindeutig rechtsstaatswidrigen Inhaltes keine Rede sein. Auch der Versuch, die ausschließliche Zuständigkeit der Gerichte zu erhalten gegenüber den Versuchen Himmlers, Heydrichs und Bormanns zur Ausweitung der Zuständigkeiten der Polizei, der Gestapo und der SS, nehme der Verordnung nicht den rechtsstaatswidrigen Gehalt. Auch die unterschiedliche Mitwirkung Schlegelbergers an Maßnahmen zur Verfolgung der Juden sei rechtsstaatswidrig gewesen. Das gelte für den Entwurf einer Verordnung zur Beschränkung der Rechtsmittel für Juden und ihrer Eidesfähigkeit ebenso wie für seine Beteiligung an den Maßnahmen zur sogenannten Endlösung der Judenfrage. Das bedürfe keiner weiteren Begründung. Diese Verstöße wögen außerordentlich schwer, weil Schlegelberger in allen Fällen in Ausübung eines Amtes gehandelt habe, das ihm einen beherrschenden Einfluss auf die Aufrechterhaltung oder auf die Unterstützung des Verfalls der überkommenden Rechtsordnung eingeräumt habe.

Seine Handlungen seien rechtswidrig gewesen, weil weder die Anordnungen Hitlers die Verstöße rechtfertigen konnten noch der Einwand rechtserheblich sei, er habe nur Schlimmeres verhüten und größeres Unheil abwenden wollen. Die festgestellten Verstöße wögen so schwer, dass sie auch zur Erreichung eines „höheren rechtsstaatsgemäßen Zwecks" unverhältnismäßig und unangemessen gewesen seien.

Schlegelberger habe auch schuldhaft gehandelt. Ob er in den fraglichen Jahren tatsächlich das Bewusstsein gehabt habe, rechtswidrig zu handeln, hat der Senat offen gelassen. Es sei davon auszugehen, dass Schlegelberger geglaubt habe, sein Amt stets entsprechend den Anforderungen der Staatsführung verwalten zu müssen. Dabei habe er nie aus einer gedankenlosen Gesinnung heraus gehandelt oder sich von rechtsblindem politischen Fanatismus leiten lassen. Er habe aber dem Einfluss des Nationalsozialismus soweit nachgegeben, dass sein Handeln nicht mehr ausschließlich an den Grundsätzen der Rechtsstaatlichkeit, sondern an der vom Recht abirrenden nationalsozialistischen Weltanschauung ausgerichtet gewesen sei. Er hätte erkennen müssen, dass er auch unter den damaligen Verhältnissen den Grundsätzen der Rechtsstaatlichkeit verpflichtet gewesen war und dass deshalb die fortwährenden Verstöße pflichtwidrig waren. Als Ministerialbeamter und Hochschullehrer habe er bereits in der Weimarer Republik bedeutende Ämter innegehabt, so dass ihm auch die Pflicht zu einer an den Rechtsstaatsgrundsätzen orientierten Ausübung der Staatsgewalt vertraut gewesen sei. Auch andere Entschuldigungsgründe seien unerheblich.

Am Ende des Urteils heißt es:

> *Gewiss ist es als eine unglückliche Fügung des Schicksals anzusehen, dass der Kläger am Ende einer tadelsfreien und bedeutenden Laufbahn in Verhältnisse geraten war, in denen sogar die Inhaber der höchsten Staatsämter die Beseitigung der Rechtsstaatlichkeit betrieben und das Unrecht vielfältig förderten. Dem Kläger mag daher die Bereitschaft zu immer neuen und schwererwiegenden Konzessionen an das nationalsozialistische Unrecht schmerzlich gewesen sein. Sein Verhalten wird indessen auch hierdurch nicht entschuldigt. Die Tatsache allein, dass er durch das Schicksal in ungewöhnliche Verhältnisse gestellt war, denen er sich zuletzt nicht gewachsen gezeigt hat, räumt unter den in seinem Fall gegebenen, im einzelnen dargelegten Umständen seine persönliche Verantwortlichkeit für die von ihm begangenen Verstöße gegen Grundsätze der Rechtsstaatlichkeit nicht aus. Als ein nicht vertretbarer Versuch, mit Hilfe des Unrechts das Recht zu wahren, bleiben die Handlungen des Klägers ein im Rahmen des § 3 Nr. 3 a zurechenbares und vorwerfbares Verhalten.*

Das Revisionsverfahren vor dem Bundesverwaltungsgericht

Schlegelberger legte am 6. Dezember 1962 und damit umgehend nach seiner Verkündung gegen das Urteil des Oberverwaltungsgerichts beim Bundesverwaltungsgericht Revision ein. Das Revisionsverfahren (Az. VI C 35.63) war dort über drei Jahre anhängig. In zahlreichen Schriftsätzen setzten sich die Verfahrensbeteiligten intensiv mit den Urteilsgründen des Oberverwaltungsgerichts auseinander. Neue Tatsachen wurden nicht mehr eingeführt, was in der Revisionsinstanz auch nur mit geringen Erfolgsaussichten möglich gewesen wäre. In der mündlichen Verhandlung des 6. Senats des Bundesverwaltungsgerichts am 17. Oktober 1966, die in Braunschweig stattfand, wurde unter der Leitung des Senatspräsidenten Prof. Dr. Fürst über die Sach- und Rechtslage nicht mehr verhandelt. Vielmehr schlugen nach dem Verhandlungsprotokoll die Prozessbevollmächtigten von Schlegelberger vor Eintritt in die mündliche Verhandlung folgenden Vergleich vor:

Der Kläger verzichtet auf beamtenrechtliche Versorgung aus dem Gesetz zu Art. 131 GG. Der Kläger erhält ab 1. Dezember 1966 als Unterhaltszahlung die Rente aus der Angestelltenversicherung unter Berücksichtigung der Nachversicherung gemäß § 72 G 131 zuzüglich eines Zuschlages von 25 v.H. dieser Rente.
Die Gerichtskosten trägt der Kläger. Die außergerichtlichen Kosten trägt jede Partei selbst.

Vier Tage später wurde in einer weiteren mündlichen Verhandlung des Senats am 21. Oktober 1966 in Braunschweig zunächst vom Gericht der Antrag des Prozessbevollmächtigten der beigeladenen Bundesrepublik Deutschland auf Verlängerung der Erklärungsfrist zu dem Vergleichsangebot abgelehnt. Anschließend schlossen die Parteien den Vergleich, der als Vergleichsangebot in der Sitzung vom 17. Oktober 1966 zu Protokoll

gegeben worden war. Damit wurde nach fast sieben Jahren Verfahrens-
dauer der Prozess im 90ten Lebensjahr von Schlegelberger rechtskräftig
abgeschlossen.

Der vorläufige Rechtsschutz

Der Finanzminister des Landes Schleswig-Holstein ordnete mit Bescheid vom 3. September 1959 die sofortige Vollziehung seines Bescheides vom selben Tage über die Aberkennung der Versorgungsbezüge an. Zur Begründung führte er aus, wegen der Schwere der Vorwürfe sei es im öffentlichen Interesse nicht vertretbar, Versorgungsbezüge weiter zu zahlen, auf die nach dem Gesetz offensichtlich kein Anspruch bestehe.

Schlegelberger beantragte daraufhin bei dem Landesverwaltungsgericht Schleswig die Wiederherstellung der aufschiebenden Wirkung seiner mittlerweile am 31. Oktober 1959 erhobenen Klage. Damit wollte er erreichen, dass ihm für die Dauer des Rechtsstreits seine Versorgungsbezüge zunächst ungekürzt weiter ausbezahlt wurden. Über seine Einkommens- und Vermögenslage reichte der inzwischen verwitwete Schlegelberger am 17. Oktober 1959 folgende von ihm teilweise handschriftlich verfasste eidesstattliche Versicherung zu den Gerichtsakten:

Hiermit erkläre ich, Staatssekretär i.R. Prof. Dr. Dr. Franz Schlegelberger, Flensburg, das Folgende an Eides statt, wobei mir die Bedeutung eines solchen Eides, insbesondere bei Verwendung bei Gericht und Behörden, bewusst ist:

Meine in diesem Jahr neben der Pension nach G 131 erzielten Einnahmen betragen DM 1.816,--; sie stammen aus schriftstellerischer Tätigkeit. Ihnen stehen nach den Grundsätzen des Finanzamtes anzuerkennende Werbungskosten in Höhe von DM 1.652,-- gegenüber. Der verbleibende Rest reicht zur Deckung der Kosten für die in dieser Angelegenheit notwendig gewordenen Reisen zu meinem Rechtsbeistand nicht aus.

Ob ich aus der Schriftstellerei weiterhin noch Einnahmen haben werde, hängt davon ab, ob ich bei meinem Alter von 83 Jahren trotz der über mich gekommenen Aufregungen überhaupt noch werde schreiben können.

Ich habe auch keinerlei Vermögen, aus denen ich Einnahmen erzielen könnte. An Barrücklagen habe ich lediglich DM 2.000,-- auf meinem Konto, welchen Betrag ich für ärztliche Unkosten etc. dringend zurücklegen muss. Ich bin seit meiner 5-jährigen Haftzeit schwer herzkrank. Wegen dieser Krankheit wurde ich seinerzeit vorzeitig entlassen.

Dr. Schlegelberger

Die 5. Kammer des Landesverwaltungsgerichts Schleswig beschloss in ihrer Sitzung am 15. Dezember 1959 (Az 5 V 19/59), dass die sofortige Vollziehung des Bescheides vom 3. September 1959 mit der Maßgabe ausgesetzt werde, dass an Schlegelberger bis zum Abschluss des Gerichtsverfahren in der ersten Instanz eine beamtenrechtliche Versorgung in Höhe des um 25 % erhöhten pfändungsfreien Betrages seiner bisherigen Versorgungsbezüge weiter zu zahlen sei. Der pfändungsfreie Betrag in Höhe von 1.025,- DM monatlich sei im Hinblick auf das Alter und das Herzleiden des Antragstellers um 25 % zu erhöhen, um seinen notwendigen Lebensaufwand zu sichern. Seine Rechtsverfolgung erscheine nicht aussichtslos, weil die Verfassungsmäßigkeit der maßgeblichen Vorschriften nicht unbestritten sei.

In dem Urteil des Verwaltungsgerichts vom 8. November 1960, mit dem der Abererkennungsbescheid aufgehoben wurde, verpflichtete das Gericht das beklagte Land Schleswig-Holstein, an Schlegelberger die während des Gerichtsverfahrens einbehaltenen Versorgungsbezüge in Höhe von 23.101,12 DM nebst 4 % Zinsen (der monatliche Einbehaltungsbetrag betrug 1.650,08 DM) an Schlegelberger auszuzahlen. Das Urteil wurde hinsichtlich der Zahlungsbeträge für vorläufig vollstreckbar erklärt.

Nach der Einlegung der Berufung gegen das erstinstanzliche Urteil durch das Land Schleswig-Holstein am 1. Dezember 1960 forderte Schlegelberger vom Land entsprechend dem Urteil die Auszahlung der einbehaltenen Versorgungsbezüge. Weil das Land dies ablehnte, entschied darüber das Oberverwaltungsgericht mit einem Teilurteil vom 6. März

1961. Mit diesem Urteil änderte das Oberverwaltungsgericht die Vollstreckbarkeitsentscheidung des Verwaltungsgerichts und entschied, dass das Urteil aus Rechtsgründen nur wegen der Kosten – nicht aber wegen der Einbehaltungsbeträge – vorläufig vollstreckbar sei. Schlegelberger konnte damit zunächst die Rückzahlung der einbehaltenen Beträge nicht verlangen.

Weil die Wirkung des Aussetzungsbeschlusses des Verwaltungsgerichts vom 15. Dezember 1959 zeitlich nur auf die erste Instanz beschränkt war, beantragte Schlegelberger am 17. Februar 1961 bei dem Oberverwaltungsgericht erneut die Wiederherstellung der aufschiebenden Wirkung seiner Klage. Das Oberverwaltungsgericht stellte mit Beschluss vom 21. März 1961 (Az V OVG D 2/61) die aufschiebende Wirkung der Klage insoweit wieder her, als dem Kläger ab 1. Dezember 1960 die Hälfte des Ruhegehalts weiter auszubezahlen sei. Zur Begründung führte das Gericht aus, der angefochtene Bescheid sei nicht offensichtlich rechtmäßig, weil das Bundesverfassungsgericht noch nicht über die teilweise berechtigten Zweifel an der Verfassungsmäßigkeit der maßgeblichen Vorschriften entschieden habe. Der Kläger könne nach Lage des Falles allerdings nicht erwarten, dass die aufschiebende Wirkung in vollem Umfang wiederhergestellt werde. Ihm könne vorläufig nur der laufende Unterhalt in der Höhe gewährt werden, die auch im Disziplinarverfahren gegen Beamte schlechterdings als Mindestmaß der Alimentation vorgesehen sei. Der Kläger erhielt damit monatlich brutto ca. 1.430,- DM.

Das Bundesverfassungsgericht entschied mit Beschluss vom 15. März 1961 (Az 2 BvL 8/60; BVerfGE 12, 264 (269)), dass § 3 Nr. 3 a G 131 verfassungsgemäß sei. Daraufhin beantragte das beklagte Land, den Beschluss des Senats vom 21. März 1961 zu ändern und den Antrag des Klägers auf Wiederherstellung der aufschiebenden Wirkung in vollem Umfang zurückzuweisen. Den Antrag lehnte das Oberverwaltungsgericht mit Beschluss vom 1. August 1961 (Az V OVG D 4/61) mit der Begründung ab, wegen der Ähnlichkeit dieses Verfahrens mit einem entsprechenden Disziplinarverfahren erscheine es geboten, die schon genannten Grundsätze der Einbehaltung von Bezügen im Disziplinarverfahren auch auf dieses Verfahren zu übertragen. Daher müsse es dabei bleiben, dass dem Kläger die Hälfte seines Ruhegehalts auszuzahlen sei.

Mit einer Gegenvorstellung vom 4. September 1961 beantragte das beklagte Land, die Beschlüsse des Oberverwaltungsgerichts zu ändern, weil nach Art. 14 des Gesetzes zur Änderung des Dienststrafrechts vom 28. November 1952 in einem gegen Schlegelberger geführten Disziplinarverfahren die beamtenrechtliche Versorgung nicht weiter gewährt worden wäre. Diese Gegenvorstellung wies der Senat mit Verfügung des Vorsitzenden vom 11. April 1962 zurück. Die Bezugnahme auf die disziplinarrechtlichen Vorschriften in den Senatsbeschlüssen sei nur wegen der Vergleichbarkeit eines Disziplinarverfahrens mit dem Verfahren über den Entzug der Versorgungsbezüge nach § 3 Nr. 3 a Gesetz 131 erfolgt. Die entsprechenden Vorschriften der Bundesdisziplinarordnung seien nicht unmittelbar anwendbar. Weil der Beklagte gegen den Kläger kein Disziplinarverfahren durchgeführt habe,

versage die Berufung des Beklagten auf Art. 14 des Dienststrafänderungsgesetzes über die Folgen der Verurteilung eines Beamten durch ein nichtdeutsches Gericht.

Warum die Berufung auf die für Schlegelberger einschlägige und für ihn nachteilige Vorschrift des Disziplinarrechts „versage" wird nicht weiter ausgeführt. Die Argumentation ist nur schwer nachvollziehbar.

Aufgrund dieser Beschlüsse erhielt Schlegelberger unter dem Schutz der teilweise wiederhergestellten aufschiebenden Wirkung seiner Klage bis zum rechtskräftigen Abschluss des verwaltungsgerichtlichen Verfahrens im Oktober 1966 vor dem Bundesverwaltungsgericht die Hälfte seiner Versorgungsbezüge.

Wertung

Zum Abschluss möchte ich versuchen, ein Resümee zu ziehen. Meine Eindrücke zur Sache, zum Verfahren und zum Verhalten Schlegelbergers möchte ich wie folgt zusammenfassen:

1. Zur Sache

Die sachliche Bewertung der Vorgänge scheint mir aus heutiger Sicht noch am eindeutigsten. Die in den Prozess eingeführten Vorgänge und deren Behandlung im Reichsjustizministerium waren mit rechtsstaatlichen Grundsätzen, wie sie auch heute im Grundgesetz verankert sind, unvereinbar. Ich möchte hier die meines Erachtens überzeugenden Gründe des Oberverwaltungsgerichts nicht wiederholen und darf in vollem Umfang auf sie verweisen. Die geschilderten Vorgänge und die im Reichsgesetzblatt nachzulesenden Unrechtsvorschriften in perfekter juristischer Fachsprache sind so grausam und verwerflich, dass sie auch rechtsstaatlichen Mindestanforderungen nicht im Geringsten genügen.

2. Zum Verfahren

Schwieriger ist schon die Bewertung des Verfahrens. Hier gibt es Merkwürdigkeiten zu verzeichnen. Schon das Ergebnis muss verwundern. Trotz der seit 1947 bekannten, offenkundigen und schwerwiegenden Verstöße Schlegelbergers gegen Grundsätze der Rechtsstaatlichkeit ist es nicht zu dem gesetzlich ausdrücklich für diesen Fall festgesetzten vollständigen Entzug seiner beamtenrechtlichen Versorgung gekommen. Während des gerichtlichen Verfahrens sind Schlegelberger die Hälfte der beamtenrechtlichen Versorgungsbezüge weiter ausbezahlt worden. Diese gekürzten Bezüge waren immer noch mehr als dreimal höher als die Rente aus der gesetzlichen Rentenversicherung. Mit dem verfahrensabschließenden Vergleich ist ihm bis zu seinem Tode eine staatliche Unterhaltszahlung zugesprochen worden, die ihm ebenfalls noch erheblich höhere Bezüge als die gesetzliche Rente sicherte. Wenn man auch nicht von einem vollkommenen Scheitern des Entzugsverfahrens sprechen kann, so stellt sich dennoch die Frage, warum das gesetzlich zwingend vorgesehene Ergebnis in diesem Verfahren nicht erreicht worden ist.

Das lag sicherlich nicht an den Rechtsgrundlagen. Schon seit 1951 waren ausreichende gesetzliche Grundlagen vorhanden, um Schlegelberger das Ruhegehalt zu verweigern oder später zu entziehen. Auch das wesentliche Tatsachenmaterial lag vor. Allein in den 1948 veröffentlichten Verhandlungsprotokollen und aus dem Urteil des Militärgerichtshofs III waren die meisten Vorgänge, die auch dem hier besprochenen gerichtlichen Verfahren zugrundegelegen haben, offengelegt. In dem von dem renommierten Heidelberger Professor Gustav Radbruch im Februar 1948 in der Süddeutschen Juristenzeitung veröffentlichten Aufsatz „Des Reichsjustizministeriums Ruhm und Ende" (SJZ 1948, S. 57) war alles nachzulesen, nur hat es offenbar niemand getan. Stattdessen wurde das Thema der Justiz im Dritten Reich verdrängt und es gab zunächst keine weiteren einschlägigen Publikationen von deutschen Rechtswissenschaftlern. Erst nach weiteren zehn Jahren erschienen die ersten Veröffentlichungen zur Justiz im Dritten Reich.

Es mag in den ersten Nachkriegsjahren auch schwierig gewesen sein, die Akten des Reichsjustizministeriums zu sichten und auszuwerten. Wie das Berufungsverfahren zeigt, hätte dies, bei entsprechendem Willen, spätestens Mitte der 50er Jahre geschehen können, zumal die Vorgänge schon vor 1959, wie geschildert, publiziert waren. Betrachtet man vor diesem Hintergrund den Gang des Entziehungsverfahrens, drängt sich die Vermutung auf, dass von dem letztlich zuständigen Bundesminister des Innern zunächst gar nicht ernsthaft beabsichtigt war, Schlegelberger die Versorgungsbezüge zu entziehen und man auf eine „biologische" Lösung hoffte. Selbst wenn man soweit nicht gehen will, wurde zumindest das

Verfahren lange Zeit so betrieben, dass Schlegelberger in seinem hohen Alter wenigstens so lange wie möglich vor den zwingenden gesetzlichen beamtenrechtlichen Konsequenzen seines Verhaltens im Dritten Reich verschont bleiben sollte.

Erstaunlich ist schon die Tatsache, dass Schlegelberger 1952 überhaupt beamtenrechtliche Versorgungsbezüge bewilligt wurden. Schlegelberger war vom Militärgerichtshof III zu lebenslanger Haft verurteilt worden. Auch 1950 galt der im Disziplinarrecht verankerte Rechtgrundsatz, dass ein Ruhestandsbeamter, der zu einer Haft- oder Freiheitsstrafe von mehr als einem Jahr rechtskräftig verurteilt wird, kraft Gesetzes seinen Anspruch auf beamtenrechtliche Versorgung verliert. Die entsprechende Vorschrift der damals geltenden Dienststrafordnung griff hier aber nicht, weil diese Folge nur an die Verurteilung durch ein deutsches Gericht geknüpft war. Das mag man noch akzeptieren. Unverständlich wird diese Rechtslage aber, wenn man bedenkt, dass ein Strafverfahren und damit die Verurteilung Schlegelbergers durch ein deutsches Strafgericht gerade wegen der Verurteilung durch das alliierte Militärgericht rechtlich unzulässig waren. Das heißt, dass die Verurteilung Schlegelbergers zu lebenslanger Haft und die zu dieser Verurteilung führenden Handlungen keine unmittelbaren beamtenrechtlichen Folgen hatten.
Der Bundesgesetzgeber hat später diese Lücke – allerdings unvollständig – geschlossen. Am 28. November 1952 wurde durch Artikel 14 des Gesetzes zur Änderung und Ergänzung des Dienststrafrechts (BGBl. I S. 749) erstmals im Disziplinarrecht bestimmt, dass in einem Disziplinarverfahren gegen einen Beamten wegen eines Sachverhalts, der der Verurteilung durch ein nichtdeutsches Gericht zugrunde lag, bei einer entsprechenden Verurteilung die Dienstbezüge von der Rechtskraft des Urteils ab in voller Höhe als einbehalten gelten.

Diese Regelung ist nicht zu Lasten von Schlegelberger zur Anwendung gekommen. Gegen ihn ist zu keinem Zeitpunkt ein Disziplinarverfahren eingeleitet worden. Das ist eine weitere Merkwürdigkeit in diesem Verfahren. Gegen Schlegelberger hätte gemäß § 9 des Gesetzes zu Artikel 131 GG jederzeit ein förmliches Disziplinarverfahren mit dem Ziel des Verlustes des Ruhegehaltes eingeleitet werden können. Bundesjustizminister Schäffer erklärte dazu am 2. Juni 1959 in seiner Antwort auf eine parlamentarische Anfrage der SPD-Fraktion vor dem Deutschen Bundestag, im Jahre 1953 habe der Bundesminister des Innern die Möglichkeit eines Disziplinarverfahrens gegen Schlegelberger geprüft. Die Einleitung sei unterblieben, nachdem der nach § 60 G 131 zuständige Finanzminister des Landes Schleswig-Holstein erklärt habe, dass keine Tatsachen bekannt seien, die für ein Disziplinarverfahren von Bedeutung sein könnten. Diese Aussage des Bundesjustizministers vor dem Deutschen Bundestag ist deshalb bemerkenswert, weil im Urteil des Oberverwaltungsgerichts Lüneburg ausdrücklich ausgeführt wird, dass sich aus den vorgelegten Verwaltungsvorgängen ergab, dass gerade der Finanzminister des Landes Schleswig-Holstein noch vor der Bewilligung der Versorgungsbezüge bei dem Bundesfinanz-, Bundesjustiz- und Bundesinnenminister unter Hinweis auf das Nürnberger Urteil mehrmals angefragt hatte, ob nicht ein Disziplinarverfahren gegen Schlegelberger mit dem Ziel der Aberkennung der Versorgungsbezüge einzuleiten sei.

Im Berufungsverfahren hat das Bundesinnenministerium die Aussage des Bundesjustizministers in einem Schriftsatz vom 1. Juni 1962 wie folgt bestätigt:

Die Notwendigkeit der Einleitung eines förmlichen Disziplinarverfahrens nach § 9 G 131 ist im Jahre 1953 vom Bundesministerium des Innern geprüft worden. Die Einleitung ist seinerzeit unterblieben, nachdem die nach § 60 G 131 zuständige Oberste Landesbehörde erklärt hatte, dass keine Tatsache bekannt sei, die für ein Disziplinarverfahren von Bedeutung sein könnte. Die Veröffentlichung des Zentraljustizamtes für die britische Zone über das Urteil des Militärgerichtshofs Nr. 3 vom 3./4. Dezember 1947 war damals im Bundesministerium des Inneren nicht bekannt. Im Übrigen ist der Kläger nach Mitteilung des Finanzministers des Landes Schleswig-Holstein im Kategorisierungsverfahren im Juli 1951 als entlastet (Gruppe 5) eingestuft worden. Im Jahr 1959 ist von der Einleitung eines Disziplinarverfahrens Abstand genommen worden, weil inzwischen in § 3 G 131 die Nr. 3 a eingefügt worden war …

Diese Ausführungen sind wiederum in zweifacher Hinsicht bemerkenswert. Die Aussage, die nach § 60 Gesetz 131 für die Bewilligung der Versorgungsbezüge zuständige Oberste Landesbehörde habe erklärt, dass keine Tatsachen bekannt seien, die für ein Disziplinarverfahren von Bedeutung sein könnten, war bereits durch einen entsprechenden Schriftwechsel in den Verwaltungsvorgängen widerlegt. Deshalb fragte der Berichterstatter im Verfahren vor dem Oberverwaltungsgericht noch einmal ausdrücklich und ungläubig bei dem Bundesinnenministerium nach, ob im Hinblick auf den abweichenden Inhalt der Verwaltungsvorgänge an diesem Sachvortrag festgehalten werde. Eine schriftliche Antwort aus Bonn ist darauf nicht erfolgt. Weiter ist es bezeichnend, dass die Veröffentlichung des Urteils des Militärgerichtshofs III vom 3./4. Dezember 1947 damals dem Bundesministerium des Innern nicht bekannt gewesen sein soll. Wenn dies tatsächlich stimmt, was man aus heutiger Sicht kaum glauben kann, waren dem für das Bundesbeamtenrecht und das Disziplinarrecht zuständigen Fachministerium wesentliche Erkenntnisquellen für das dienstrechtlich bedeutsame Verhalten von Beamten im Dritten Reich verschlossen und unbekannt. Daraus lässt sich nur schließen, dass man die einschlägigen Urteile in den Nürnberger Prozessen nicht nur negierte, sondern deren Existenz gar nicht zur Kenntnis nehmen wollte. Spätestens an dieser Stelle wird die Haltung des Bundesinnenministers zum gesamten Vorgang fragwürdig und die oben geäußerte Vermutung fast zur Gewissheit, dass man gar nicht wissen wollte, was ggf. deutschen Beamten oder Richtern, insbesondere auch Schlegelberger, als Dienstvergehen vorgeworfen werden könnte.

Auch an einem schweren Dienstvergehen Schlegelbergers konnte kein Zweifel bestehen. Das Bundesverfassungsgericht stellte dazu in einem Beschluss vom 15. März 1961 (2 BvL 8/60, BVerfGE 12, 264 (269)) lapidar fest:

Ein Beamter ..., der während der Herrschaft des Nationalsozialismus gegen die Grundsätze der Menschlichkeit oder der Rechtsstaatlichkeit verstoßen hat, hat vor dem 8. Mai 1945 ein Dienstvergehen begangen, wegen dessen die Entfernung aus dem Dienst gerechtfertigt wäre.

Auch im Jahre 1959 hielt Bundesjustizminister Schäffer die Einleitung eines Disziplinarverfahren wegen der in Aussicht genommenen Einleitung des Verfahrens über den Verlust der Rechte nach § 3 Nr. 3a des Gesetzes zu Artikel 131 GG nicht mehr für angebracht. Diese Auffassung erstaunt erneut. Sie ist rechtswidrig, weil der zuständige Minister bei dem Verdacht eines Dienstvergehens zur Einleitung von disziplinarrechtlichen Vorermittlungen verpflichtet war. Nach § 9 G 131 in der ursprünglichen Fassung stand die Einleitung eines Disziplinarverfahrens wegen eines vor dem 8. Mai 1945 begangenen schweren Dienstvergehens noch im Ermessen der zuständigen Behörde. Diese Vorschrift war durch das 2. Änderungsgesetz vom 11. September 1957 dahin geändert worden, dass das förmliche Disziplinarverfahren eingeleitet werden musste. Das öffentlich vertretene Absehen von der Einleitung eines Disziplinarverfahrens widersprach damit seit 1957 zwingendem Recht.

Schlegelberger genoss noch weitere Vorteile aus der Untätigkeit des Bundesinnenministeriums. Ein Disziplinarverfahren gegen Schlegelberger hätte eher zum Abschluss gebracht werden können, weil kein Widerspruchsverfahren und nur zwei gerichtliche Instanzen für dieses Verfahren zur Verfügung standen. Weiter wäre es rechtlich ausgeschlossen gewesen, das Verfahren durch einen Vergleich zu beenden. Hatte Schlegelberger wirklich nur Glück oder war dies alles doch berechnet und bedacht worden?

Auch das Verwaltungsverfahren über die Feststellung des Verlustes der Rechte nach § 3 Nr. 3 a des Gesetzes zu Artikel 131 GG bestätigt eher die oben genannte Vermutung. Die maßgebliche Vorschrift trat im September 1957 in Kraft. Damit war unmittelbar kraft Gesetzes der Anspruch Schlegelbergers auf Versorgungsbezüge entfallen. Die Behörde hatte diese gesetzliche Anordnung lediglich durch einen feststellenden Bescheid umzusetzen. In dem Vorgang Schlegelberger tat sich jedoch zunächst nichts. Anfang 1959 wurden in dem Buch von Schorn „Der Richter im Dritten Reich" Einzelheiten über Schlegelbergers Tätigkeit als Staatssekretär publiziert, die in der Öffentlichkeit für Aufsehen sorgten. In sog. kleinen parlamentarischen Anfragen der SPD-Fraktion im Bundestag im März 1959 (Drucksache 951) und Mai 1959 (Drucksache 1085) „Betreff: Schlegelberger", wurde die Bundesregierung unter anderem um Antwort gebeten, ob sie sich nicht bewusst sei,

dass es die Rechtsstaatlichkeit und das Ansehen der Bundesrepublik Deutschland beeinträchtigt, wenn dienstrechtliche Maßnahmen (gegen Schlegelberger) (jeweils) erst verspätet und nur nach öffentlicher Kritik getroffen werden.

Erst diese massive öffentliche Kritik veranlasste offenbar die Bundesregierung dafür zu sorgen, dass das schon vorher eingeleitete Verwaltungsverfahren zum Entzug der Versorgungsbezüge nunmehr zum Abschluss gebracht wurde.

Dennoch wurde auch danach zunächst nur halbherzig gehandelt. Der Feststellungsbescheid über den Entzug der Versorgungsbezüge vom 3. September 1959 ist nur schwach begründet. Der Widerspruchsbescheid vom 7. Oktober 1959 13 Tage nach Einlegung des Widerspruchs lässt zwar eine vorher in diesem Fall nicht gekannte Verfahrensbeschleunigung erkennen. Mit seiner Begründung von einer Seite kann allerdings von einer erneuten und umfassenden Prüfung der Sach- und Rechtslage nicht gesprochen werden.

113

Auch nach Anhängigkeit der Klage beim Schleswig-Holsteinischen Verwaltungsgericht bleiben die Schriftsätze der Behörde im gerichtlichen Verfahren relativ schwach. In der mündlichen Verhandlung des Verwaltungsgerichts lässt sich der beklagte Finanzminister des Landes Schleswig-Holstein von einem Regierungsrat vertreten. So verwundert es auch nicht, wenn das Verwaltungsgericht mit einer allerdings ebenfalls höchst angreifbaren Begründung im Jahre 1960 die angefochtenen Bescheide aufhebt.

Dieses Urteil erregte in der zu dieser Zeit durch andere Affären mit NS-Größen sensibilisierten Öffentlichkeit erhebliche Unruhe. So nahm „Der Spiegel" das Urteil des Verwaltungsgerichts zum Anlass, im Mai 1961 mit dem Kieler Justizminister Dr. Leverenz ein ausführliches „Spiegelgespräch" zu führen, in dem es auf fast drei Seiten nur über das Verfahren Schlegelberger ging (Der Spiegel 20/1961, S. 24 ff). Im Spiegel mehren sich anschließend weitere Berichte über Schlegelbergers Wirken im Dritten Reich, so dass dieser sich einer öffentlichen Hetzkampagne ausgesetzt sieht.

Erst jetzt, wie ich oben schon erwähnte, erwachen offenbar auch die beteiligten Behörden. Zu diesem Zeitpunkt (1961) gewinnt man bei Durchsicht der Gerichtsakten erstmals den Eindruck, das Verfahren werde nun doch noch mit dem nötigen Ernst und mit der erforderlichen Entschlossenheit zur Durchsetzung der gesetzlichen Regelungen geführt. Das ist den damaligen Verfahrensbeteiligten allerdings nicht leicht gefallen. Der Prozessbevollmächtigte des beklagten Landes Schleswig-Holstein Prof. Dr. Redeker aus Bonn hat mir seine Erinnerungen an das verwaltungsgerichtliche Verfahren in einem Schreiben vom 15. November 2000 mitgeteilt:

Man kann das Verfahren aus späterer Sicht in vieler Hinsicht nur schwer einordnen. Als es begann, ging man in der Bundesrepublik Deutschland davon aus, dass die Justiz im Dritten Reich eine „heile Welt" geblieben sei. Das bekannte Buch von Schorn gab zu solcher Vorstellung auch geradezu Veranlassung. NS-Einflüsse auf die Justiz waren danach bedauernswert, aber dann doch die Ausnahme. Schorn selbst übrigens

114

war nach 1933 als strenger Katholik missliebig und wurde strafversetzt. Dennoch hat er diese Linie in seinem Buch durchgehalten. Hinweise aus der DDR nahm er nicht ernst; es galten die Grundsätze des Kalten Krieges. Dazu gehört auch, dass die späteren Nürnberger Prozesse kaum zur Kenntnis genommen wurden. Der Stil ihrer Begründung erschien unjuristisch; sie sind wohl auch rechtlich nie anerkannt worden. Von Schlegelberger wurde damals angenommen, dass er diesem Bild entsprochen habe. Er war immerhin vor 1933 Staatssekretär geworden und galt als bedeutender Rechtswissenschaftler.

Erst zu Beginn der 60er Jahre, besonders veranlasst durch den Ulmer Einsatzgruppenprozess (1958) begann man auch über die Justiz im Dritten Reich nachzudenken; manches, was an sich gar nicht unbekannt war, wurde jetzt erst langsam aufgegriffen.

Als ich damals das Mandat in der Berufungsinstanz übernahm, ging ich von ähnlichen Vorstellungen wie Schorn aus, zumal ich Herrn Schorn gut kannte, der unser Bonner Landgerichtspräsident war. Im Studium (1947-1949) wurde die Zeit ab 1933 ausgeblendet, übrigens auch noch weit in die 60er Jahre hinein. Die meisten Hochschullehrer hatten dazu auch ihre eigenen Gründe. Die Literatur aus dieser Zeit war nicht zugänglich. Sie war in „Giftschränken" unter Verschluss, von den Besatzungsmächten veranlasst, um jeder „Verführung" vorzubeugen. Ich habe damals unter sehr vielen Mühen überhaupt erst mir die Genehmigungen zum Zugang an diese Unterlagen verschaffen müssen, ein Teil, so etwa die Akten des Volksgerichtshofes, wurden von den Amerikanern bewacht, denen erst das Bundesinnenministerium meine Vertrauenswürdigkeit nachweisen musste, ehe ich die Akten im Documentcenter in Berlin einsehen konnte.

Was ich im Verfahren Schlegelberger und später im Verfahren Lauts vorfand, war für mich erschütternd. Zum Teil war das Material im Institut für Zeitgeschichte in München sofort greifbar. Anderes fand

115

ich in Kisten des alten RJM, die gerade im Bundesarchiv in Koblenz eingetroffen und noch unbearbeitet waren. Der Weg führte auch zu den Veröffentlichungen von in meiner Studienzeit noch gänzlich unangefochtenen Wissenschaftlern wie Larenz, Maunz, Ipsen usw.; alles damals unter Verschluss gehalten. Ich habe mir damals die Erschütterungen in einem Aufsatz in der NJW 1964, 1097 ff., heruntergeschrieben; Sie können sich vorstellen, wie schwierig es die Schriftleitung hatte, diesen Aufsatz überhaupt abzudrucken ... Alle Versuche, das Urteil des OVG Lüneburg in irgendeiner Zeitschrift zum Abdruck zu bringen, sind damals gescheitert, ebenso auch die Versuche um die Wiedergabe irgendeines Aktenstückes über den Ablauf eines Verfahrens vor dem Volksgerichtshof.

Es ist schade, dass das Protokoll des Erörterungstermins vom 17.2.1961 sich mehr oder weniger auf Formalien beschränkt. Den Termin hat damals Herr Tietgen geleitet, ein ungewöhnlich fähiger Richter, der wenig später Präsident des LSG Schleswig wurde, allgemein als Nachfolger von Fritz Werner für Anfang der 70er Jahre angesehen wurde, aber plötzlich in noch jungen Jahren starb. Der Termin hat viele Stunden gedauert, Schlegelberger hat sich zu allen einzelnen Komplexen geäußert. Er war ein sehr eindrucksvoller Mann, der in dem damals schon hohen Alter bis zuletzt voll präsent war. Was er gesagt hat, kehrt im Urteil dann nur recht begrenzt und eben in juristischer Sprache wieder; es ging in Wirklichkeit weit darüber hinaus. Herr Brien war Berichterstatter; im Erörterungstermin hat er meiner Erinnerung nach kaum etwas gesagt. Das Urteil dürfte von ihm entworfen worden sein. Es ist mit seinem naturrechtlichen Ansatz wiederum für die damalige Zeit kennzeichnend. Tietgen schloss diesen Erörterungstermin mit ähnlichen Wendungen, wie Sie sie am Ende ihres Referates gefunden haben. ... Übrigens hat sich kürzlich Wilm im DVBl. 2000, S. 1237 ff, mit der Deutschen Staatsrechtslehre im Nationalsozialismus befasst. Er ist zu dem Ergebnis gekommen, dass die Staatsrechtslehre eigentlich abgedankt hat. Denn jenseits und über allen Lehren und Ordnungen stand außerhalb dieser

Ordnungen der Führerbefehl, der an nichts gebunden war, der umge-
kehrt aber stets Legalität erzeugte. Das entspricht genau dem Vortrag,
den Schlegelberger seinerzeit vor den Oberlandesgerichtspräsidenten
und Generalstaatsanwälten 1941 gehalten hat. Damals ging es ihm
bei der Legalisierung der Euthanasie immer um das Vorliegen eines
Führerbefehls. Mit diesem Vorliegen war dann die Aktion legal, sollte
freilich dennoch geheim gehalten werden, was nun nicht gerade für eine
überzeugte Bejahung der Legalität spricht.

Das gerichtliche Verfahren vor dem Oberverwaltungsgericht mit seinen
ausführlichen mündlichen Erörterungen und das Urteil, mit dem Schlegelbergers Klage abgewiesen wird, lässt deutlich das Bemühen um eine
ausgewogene, dem Kläger gerecht werdende Entscheidung und zugleich
das Bewusstsein um seine Verantwortung für die Bewältigung der Justizvergangenheit erkennen. Mit der sorgfältig begründeten Entscheidung hat
das Oberverwaltungsgericht Lüneburg einen bedeutenden Beitrag zur
Aufarbeitung des Justizunrechts im Dritten Reich geleistet, der bisher – wie
auch weitere verwaltungsgerichtliche Entscheidungen - in der Fachöffent-
lichkeit nicht annähernd gewürdigt worden ist.

Dieser positive Eindruck wird durch den Vergleich vor dem Bundesverwaltungsgericht wieder beeinträchtigt. Der Vergleich ist in mehrfacher
Hinsicht angreifbar. Angesichts der eindeutigen Gesetzeslage, den bekannt
gewordenen Tatsachen und der überzeugenden Entscheidung des Oberverwaltungsgerichts konnte niemand mit gutem Gewissen Schlegelberger von den gesetzlich vorgesehenen Konsequenzen seines Verhaltens
verschonen. Das berührt die rechtliche, aber auch die moralische Seite
des Vergleichs. Rechtlich ist der Vergleich nicht haltbar, weil es für einen
Zuschlag von 25 % auf die gesetzlichen Rentenansprüche schlechterdings
keine gesetzliche Grundlage gab. Das haben die Beteiligten auch gewusst.
Der Vergleich ist deshalb der Öffentlichkeit, soweit es ging, nicht bekannt
gemacht worden. Selbst in der Personalakte von Schlegelberger soll er
nicht abgeheftet sein. Presseveröffentlichungen zum Verfahrensabschluss

sind nicht bekannt geworden, weil auch die Presse im Jahre 1966 offenbar kein Interesse mehr am Ausgang dieses Gerichtsverfahrens hatte.

Welche Gründe zur vergleichsweisen Einigung geführt haben und warum die Behörden angesichts der objektiven Sach- und Rechtslage sich darauf eingelassen haben, ist aus den Gerichtsakten nicht zu erkennen. Zwei Einigungsversuche vor dem Oberverwaltungsgericht waren zuvor gescheitert. Prof. Dr. Redeker erklärt dazu in seinem Schreiben vom 15. November 2000:

> *Der schließlich abgeschlossene Vergleich ist m.E. auch nicht nur auf die mehrfachen Vorschläge des Gerichts zurückzuführen, sondern auf die Interventionen des einflussreichen Prozessbevollmächtigten von Schlegelberger, Herrn Kubuschok, der damals ein weit bekannter Kommentator des Wiedergutmachungsrechts war und viele maßgebliche Personen kannte. Ich bin insoweit weitgehend nur Briefträger gewesen. Immerhin hat auch der Beamtensenat des Bundesverwaltungsgerichts unter Herrn Fürst nachdrücklich einen solchen Vergleich gewünscht.*

Es gab für den Vergleich darüber hinaus offenbar einige weitere außerprozessuale förderliche Umstände. Der zweite Sohn Schlegelbergers, Hartwig Schlegelberger, in dessen Haus sein Vater Franz Schlegelberger in Flensburg wohnte, war nach einer Tätigkeit als Landrat in Flensburg und als Abgeordneter im Landtag von Schleswig-Holstein vom 6. November 1961 bis 30. April 1963 Finanzminister und vom 1. Mai 1963 bis Ende 1971 Innenminister und Stellvertretender Ministerpräsident von Schleswig-Holstein. Das führte im Berufungsverfahren zu einigen Verwicklungen. Der angefochtene Bescheid war 1959 vom Finanzministerium, in dem die Versorgungsabteilung für pensionierte Beamte eingegliedert war, erlassen worden. Dementsprechend wurde das Land Schleswig-Holstein im gerichtlichen Verfahren zunächst vom Finanzminister vertreten. Nach der Ernennung von Sohn Hartwig zum Finanzminister erkannte man, dass es schlechterdings nach außen nicht vertretbar war, dass der Sohn das von seinem Vater in diesem öffentlichkeitswirksamen Prozess beklagte Ministerium als Minister vertritt. Darum wurde im November 1961 die beamtenrechtliche Versorgungsabteilung mit ca. 30 Mitarbeitern aus dem Finanzministerium in das Innenministerium verlagert. Deshalb trat für das Land Schleswig-Holstein im Berufungsverfahren später das Innenministerium auf.

Als 1963 der damalige Innenminister Dr. Lemke Ministerpräsident und sein Sandkastenfreund Hartwig Schlegelberger Innenminister wurde, stand man vor der Frage, wie man sich nunmehr angesichts des noch immer anhängigen Gerichtsverfahrens verhalten sollte. Weil eine erneute Rückgliederung der Versorgungsabteilung weder politisch noch verwaltungsmäßig vertretbar war, entschied man sich dafür, dass drei Beamte aus dieser Abteilung, die unter anderem für das Klageverfahren Schlegelbergers zuständig waren, in die Staatskanzlei unter der direkten Führung des Ministerpräsidenten Dr. Lemke wechselten. Daher ist es auch nicht ganz erstaunlich, aber dennoch höchst bemerkenswert, dass Ministerpräsident Dr. Lemke persönlich mehrfach in Bonn mit dem für die Beamtenversorgung damals zuständigen Bundesminister Lücke darüber verhandelte, wie man ohne abschließende Entscheidung den Versorgungsfall Schlegelberger lösen könnte. Weil auch der Vorsitzende des 6. Senats des Bundesverwaltungsgerichts Prof. Dr. Fürst in informellen Gesprächen vor der mündlichen Verhandlung das Interesse des Senats an einer vergleichsweisen Lösung bekundet hatte und vom Bundesverwaltungsgericht keine „Schwierigkeiten" zu erwarten waren, konnte der Prozessbevollmächtigte Dr. Kubuschok hinter den Kulissen die dann getroffene Einigung erreichen. Bei diesen Konstellationen drängen sich zwangsläufig Missdeutungen jeglicher Art für die Behandlung dieser hochempfindlichen Angelegenheiten auf der Behördenseite auf, so dass der Vergleich nicht als befriedigender Abschluss des Verfahrens angesehen werden kann.

3. Zum Verhalten

Eine nach allen Seiten hin befriedigende Beurteilung des Verhaltens und der Persönlichkeit von Franz Schlegelberger fällt mir am schwersten. War er

- der letzte Jurist im Dritten Reich,
- der Gelehrte, der das Geistesleben liebte,
- die tragische Gestalt,
- der Mann im Schatten von Freisler,
- die Symbolfigur des konservativen Juristenstandes,
- der anpassungsfähige bürgerliche Fachbeamte,
- der Mann von hohen und anerkennenswerten Verdiensten?

Ich glaube von alledem, was später über ihn in der Öffentlichkeit gesagt und geschrieben wurde, stimmt ein wenig. Schlegelberger war ein hoch anerkannter Rechtswissenschaftler, der auf den „unpolitischen" Bereichen des Zivil- und Handelsrechts mit seinen zahlreichen Veröffentlichungen in der juristischen Fachwelt, an der Berliner Universität und im Reichsjustizministerium ein hohes Ansehen genoss und jahrelang auch nach 1933 politisch unauffällig und produktiv gearbeitet hat. Allerdings hat er aus seiner national konservativen Einstellung auch kein Hehl gemacht, sodass ihm die rechtspolitischen Ziele des Dritten Reichs nicht ungelegen kamen und er sich auch nach außen dafür einsetzte. Er war ein persönlich angesehener und wohl auch außerordentlich liebenswürdiger Mann, der aus seinem hohen Amt heraus durchaus bemüht war, anderen Hilfe zu leisten. Im Nürnberger Prozess legte der Verteidiger Schlegelbergers von prominenten Persönlichkeiten eidesstattliche Versicherungen über Schlegelberger als Beweismittel vor. Einige wurden im Versorgungsrechtsstreit dem Oberverwaltungsgericht Lüneburg erneut vorgelegt und sollen im Folgenden - zum Teil etwas gekürzt – wiedergegeben werden, weil aus ihnen etwas von der Persönlichkeit Schlegelbergers erkennbar wird. Zu bedenken ist dabei, dass die Erklärungen natürlich das Ziel hatten, im

Nürnberger Gerichtsverfahren einen möglichst positiven Eindruck von der Persönlichkeit Schlegelbergers zu vermitteln.

Eidesstattliche Versicherung von Dr. Otto Dibelius, Bischof in Berlin:

Der Staatssekretär Schlegelberger ist einer der hervorragendsten Juristen Deutschlands. Nach dem Tode des Reichsjustizministers Gürtner hofften die deutschen Juristen, denen an der Aufrechterhaltung einer unabhängigen Rechtsprechung in Deutschland gelegen war, dass Dr. Schlegelberger der Nachfolger werden würde, was mit einer anderen als der nationalsozialistischen Regierung auch geschehen wäre. Diese wollte aber keine freie Rechtsprechung in Deutschland und berief daher einen entschlossenen Nationalsozialisten an die Spitze des Reichsjustizministeriums. Schlegelberger nahm nach seinem Ausscheiden aus dem Amt seinen Wohnsitz in Lehnin, wo er Kontakt zu den Gottesdiensten der Kirchengemeinde hielt und für die Liebesarbeit der Kirche, insbesondere für das Diakonissinnenhaus, ein offenes Herz und eine offene Hand hatte.

Berlin, den 10. Juli 1947
gez. D. Dr. Dibelius, ev. Bischof von Berlin

Eidesstattliche Versicherung von Anneliese Goerdeler vom 20. April 1947, der Witwe des ehemaligen Oberbürgermeisters von Leipzig Carl Friedrich Gordeler, der als Teilnehmer des misslungenen Putsches auf Hitler vom 20. Juli 1944 am 2. Februar 1945 in Berlin-Plötzensee hingerichtet wurde:

Mein Ehemann hat den früheren Justizminister Dr. Gürtner gut und vertraut gekannt. Ich weiß von vielen Besprechungen, die mein Mann mit Minister Gürtner gehabt hat. Hierbei sind zwischen beiden ganz offen die verschiedenen Mißstände erörtert worden. Die Besprechungen waren beiderseits völlig vertraulich. Verschiedene Mißstände

121

konnten gemildert werden. Mein Mann hat Gürtner als Mensch sehr geschätzt und hat mit Gürtner die Meinung geteilt, dass dieser im Amt bleiben solle, um ein völliges Abgleiten der Justiz in die Hand Himmlers zu vermeiden. Mein Mann wusste, wie schwer das Opfer für Gürtner war, das er damit mitbringen musste. Mein Mann war, wie er beim Tode Gürtners sagte, der Überzeugung, dass Gürtner am gebrochenen Herzen gestorben sei. Ebenso wie Gürtner schätzte mein Mann aus jahrzehntelanger Bekanntschaft auch Staatssekretär Dr. Schlegelberger, mit dem er auch in gleicher Weise wie mit Gürtner persönliche und amtliche Rücksprachen hatte. Er war auch zu Schlegelberger völlig vertraut, an dessen Integrität er niemals gezweifelt hat. Mein Mann hat Gürtner und Schlegelberger als letzte Zuflucht betrachtet, die bemüht waren, dem Rechtsprinzip trotz aller dagegen gerichteten Angriffe Geltung zu verschaffen.

Eidesstattliche Erklärung des Berliner Kammergerichtsrates Dr. Alexander Cohn vom 10. Juli 1947

Dr. Franz Schlegelberger, geb. am 29. Oktober 1876, ist mir seit mehr als 60 Jahren bekannt, da ich mit ihm zusammen eine Schule besuchte. Die hieraus entsprungenen freundschaftlichen Beziehungen haben bis in die Nazizeit fortbestanden. Nach Erlass der Nürnberger Gesetze besuchte mich Schlegelberger und sagte beim Abschied dem Sinne nach: „Ich wollte dir zeigen, dass es etwas gibt, das alles überdauert: Die alte Freundschaft.

Als die Deportierung der Juden begann, hat Schlegelberger mehrmals mit mir in der Wohnung des Rechtsanwalts Ernst Ziehe eine Zusammenkunft gehabt, in der ich ihm die Gefahr darlegte. Er hat die Deportierung von meiner Frau und mir durch sein Eingreifen mehrmals hinausgeschoben. Als sie unvermeidlich wurde, hat er dafür gesorgt, dass wir in Theresienstadt bevorzugt untergebracht wurden.

Eidesstattliche Versicherung von Frau Maria Koffka:

... Im Jahre 1932 heiratete ich den inzwischen verstorbenen Ministerialrat im Reichsjustizministerium Hans Koffka. Dieser hatte vom Jahre 1935 an erhebliche berufliche Schwierigkeiten, weil das Rasseamt festgestellt hatte, daß er einen jüdischen Großvater hatte. Mein Mann hatte es lediglich dem verständnisvollen Entgegenkommen des Herrn Schlegelberger zu danken, daß er trotz seiner Abstammung im Amte blieb. Immer wieder wirkte Herr Schlegelberger den ständigen Forderungen des Herrn Freisler, meinen Mann zu entlassen, entgegen....Auch als mein Mann im Jahre 1942 schwer lungenkrank wurde und mit einer Wiederherstellung seiner Arbeitsfähigkeit nicht zu rechnen war, hat Schlegelberger ihn im Amt gehalten und dafür gesorgt, dass er sein volles Gehalt weiter bekam...

Eidesstattliche Versicherung von Heinrich Ebersberg aus Hamburg vom 29. Mai 1947

Ich bin Ende Oktober 1938 als zweiter persönlicher Referent des Herrn Staatssekretärs Dr. Schlegelberger in das Reichsjustizministerium gekommen. Diese Stellung habe ich bis zum Ausscheiden des Herrn Staatssekretärs Dr. Schlegelberger im August 1942 bekleidet. Meine Tätigkeit bestand in der Hauptsache in der Vorlage der Eingänge, die uns vom Hauptbüro zugeleitet wurden, in der Vorlage der Arbeiten der Abteilungen, soweit sie von Herrn Staatssekretär Dr. Schlegelberger zu zeichnen waren und in der üblichen Vorzimmerarbeit (z.B. Empfang der Besucher). Durch diese meine Tätigkeit hatte ich einen ständigen sehr engen Kontakt zu Herrn Staatssekretär Dr. Schlegelberger.

Mein erster Eindruck von der Persönlichkeit des Herrn Dr. Schlegelberger wurde mir anlässlich der Ereignisse des 9. November 1938 vermittelt. Er verurteilte die anscheinend von höchster Stelle inszenierten Gewalttätigkeiten gegen Juden und jüdisches Eigentum aufs schärfste. Dieser

Auffassung hatte er auch dem Reichsjustizminister Dr. Gürtner gegenüber mit Nachdruck vertreten.

Diese Einstellung Schlegelbergers fand ich in der Folgezeit sowohl in
der Judenfrage als auch in anderen politischen Sachen immer wieder
bestätigt. Seine gesamte Tätigkeit war von dem Streben getragen, das
Recht und den Rechtsgedanken zu erhalten. Dieses Streben brachte ihn
in ständige Konflikte mit den politischen Machthabern und Parteistellen,
die zur Erreichung ihrer politischen Ziele ihre Machtmittel ohne jede
Rücksicht auf Recht und Gesetzmäßigkeit einsetzten. Schlegelberger war
bestrebt, dem Abgleiten des Diktaturstaates in eine restlose Willkürherrschaft dadurch entgegenzuwirken, dass er die Justiz als allein übrigge-
bliebenen Rechts- und Ordnungsfaktor zu erhalten suchte. Die Schwie-
rigkeit dieser Aufgabe ergibt sich aus der Natur des Diktaturstaates
und den diesem zur Verfügung stehenden tatsächlichen Machtmitteln.
Daraus ergab sich auch die notwendige Taktik dieses Kampfes:

Es genügt nicht, sachliche Bedenken zu äußern und auf das Gesetz zu
verweisen, um Befehlen und Zielen des Diktators und seiner Organe
entgegenzuwirken. Solche Vorstellungen wären unter Hinweis auf angeb-
liche politische Staatsnotwendigkeiten für unbeachtlich erklärt worden
und hätten kein Gehör gefunden. Schlegelberger konnte daher nur dann
damit rechnen, sein Ziel, die Durchsetzung des Rechtstandpunktes zu
erreichen, wenn er mit den Ideen seiner Gegner operierte. So musste
er zunächst versuchen, die sachlichen Grundlagen der geplanten Maßnahmen zu erschüttern, sodann auch ggf. politische Zweckmäßigkeits-
erwägungen ins Feld führen, um die gegnerischen Maßnahmen zu Fall
zu bringen. Äußerstenfalls musste man sich um die Durchführung der
vollen ursprünglichen Maßnahmen abzuwenden mit einer Teillösung
abfinden.

Diese Taktik habe ich in meiner dienstlichen Tätigkeit ständig erkennen können; sie trat nicht nur in Erscheinung bei so bedeutungsvollen

Fragen wie z.B. bei der Frage des Abtransportes jüdischer Mischlinge nach dem Osten, sondern konnte auch in den Sachen des täglichen Geschäftsganges, in denen es zu Differenzen mit politischen Stellen kam, beobachtet werden.

Diese Feststellungen aus meiner dienstlichen Tätigkeit fanden ihre Ergänzung in persönlichen vertrauten Gesprächen. Herr Schlegelberger wies immer darauf hin, dass an ihn oft innerlich die Versuchung herantrete, zu resignieren und sein Amt einem Nachfolger zu überlassen. Er sei sich hierbei völlig klar darüber, dass sein Ausscheiden einen völligen Kurswechsel und damit das Ende der deutschen Justiz bedeuten würde.

Eidesstattliche Erklärung von Superintendent Alexander Widow aus Lehnin/Mark vom 2. Mai 1947:

Herrn Dr. Schlegelberger lernte ich im Jahre 1943 nach meiner Versetzung nach Lehnin kennen. Er beteiligte sich rege am kirchlichen Leben, besuchte mit seiner Gattin unsere Gottesdienste und spendete mehrfach für die kirchliche Liebesarbeit, insbesondere für die kirchliche Gemeinde-Schwesternstation, größere Summen. In einzelnen Fällen hat er mich als Vorsitzenden des Gemeindekirchenrates juristisch beraten und besonders gab er mir wertvolle Ratschläge, als ich 1944 von der Gestapo in Potsdam wegen „herabsetzender Äußerungen" über den Führer vorgeladen wurde.

Mehrfach habe ich ihn in seiner Lehniner Wohnung und er mich im Pfarrhaus besucht. In vertrautem Gespräche erzählte er mir in den Jahren 1943 bis 1945, dass er bereits im Jahre 1931 unter der Regierung Brüning vom Reichspräsidenten von Hindenburg zum Staatssekretär ernannt worden sei und im Jahre 1942 von Hitler aus dem Amte entlassen sei, und zwar weil dieser eine sogenannte nationalsozialistische Rechtspflege, d.h. eine reine Willkürherrschaft aufrichtete und er seine Mitarbeit hierzu verweigerte. Parteigenosse sei er nicht nach eigener

Entschließung geworden, vielmehr sei er im Jahre 1938 auf Anordnung Hitlers, ohne vorher gehört zu sein, in die Mitgliederliste eingetragen worden. Alsbald nach seinem Ausscheiden aus dem Staatsdienst habe er der Parteileitung sein Ausscheiden aus der Partei mitgeteilt.

Ich persönlich hatte von meinem ersten Gespräch an den Eindruck, dass ich es mit einem Gegner des nationalsozialistischen Systems und Gegners Hitlers zu tun hätte und freute mich, in ihm ein treues christliches Gemeindeglied, das sich für die Erhaltung der Kirche mitverantwortlich wusste, gefunden zu haben.

Aus diesen Erklärungen wird uns die Persönlichkeit etwas näher gebracht und ich halte es auch für wahrscheinlich, dass Schlegelberger weder dem politischen System nahe stand noch deren Vertreter schätzte. Daher halte ich es auch für glaubhaft, dass er kein Parteimitglied aus Überzeugung war. Er mag auch mit seinem Beharren auf rechtspositivistischen Positionen und seinen Versuchen zur Erhaltung der Zuständigkeiten der Gerichte und Staatsanwaltschaften gegenüber den Übergriffen der Polizei, SS und Gestapo vorübergehend Erfolge gehabt zu haben. Er war deshalb bei führenden Personen des Dritten Reichs nicht sonderlich beliebt. Heydrich schreibt in einem Fernschreiben an „Reichsleiter" Martin Bormann am 11. Oktober 1941 über ein Verfahren des Volksgerichtshofs wegen „Feindbegünstigung":

Trotz verschiedener Behinderungsversuche durch das Justizministerium und Staatssekretär Schlegelberger gelang es ... innerhalb von drei Tagen nach der Verhaftung zur Verhandlung mit abschließendem Urteil zu kommen.

Reichspropagandaminister Goebbels schreibt am 19. März 1942 in sein Tagebuch:

Auch im Justizministerium weiß man nicht recht, was man mit dem

Kriege anfangen soll. Das Justizministerium ist nach dem Tode Gürtners völlig in seiner Führung verwaist ... Die bürgerlichen Elemente sind dort dominierend und da der Himmel hoch und der Führer weit ist, ist es außerordentlich schwer, sich gegen diese zäh und verdrossen arbeitende Behörde durchzusetzen.

Am 20. März 1942 schreibt Goebbels:

Der Staatssekretär im Justizministerium Schlegelberger, der seit dem Tode Gürtners die deutsche Justiz leitet, beruft sich auf meine Anträge zum Eingreifen immer darauf, dass er keine Gesetzesunterlagen habe. Eine solche Gesetzesunterlage könnte ihm geschaffen werden. Es ist deshalb dringend notwendig, dass die Leitung des Justizministeriums, die seit dem Tode Gürtners vollkommen verwaist ist, in neue Hände gelegt wird. Ich schlage dem Führer den Präsidenten des Volksgerichtshofs Thierack vor, der ein richtiger Nationalsozialist ist und zweifellos nicht über Zwirnsfäden stolpert.

Dennoch geriet Schlegelberger in den Kriegsjahren 1941/42 immer mehr in den Strudel des Unrechtsstaats und musste sich immer weiteren rechtsstaatswidrigen Maßlosigkeiten und Anmaßungen des diktatorischen und menschenverachtenden Unrechtsregimes beugen. Als Leiter des Reichsjustizministeriums musste er die Verantwortung für Vorgänge übernehmen, die er unter normalen Umständen und in normalen Zeiten wohl weit von sich gewiesen hätte. Er mag auch zunächst tatsächlich geglaubt haben,  er könne die Justizzuständigkeiten gegenüber Polizei und Gestapo verteidigen und mit seinem Nachgeben Schlimmeres verhindern. Betrachtet man die Ergebnisse seines Wirkens, so hat er aber allenfalls in Randbereichen damit Erfolg gehabt. Er mag die Prügelstrafe in der Polen-Strafrechtsverordnung verhindert und die Verfolgung Einzelner verzögert haben. Er hat aber die grausamen und willkürlichen Vorschriften der Verordnung, die als Rechtsgrundlage zur Verurteilung vieler Polen und Juden zum Tode angewandt wurden, ebenso wenig verhindert, wie es ihm gelungen ist, in den geschilderten Fällen die mit einem Todesurteil gleichzusetzenden Überstellungen an die Gestapo zu unterbinden. Seine Beteiligung an der Ermordung von mehr als 60.000 Kranken durch die Zusage, alle daraus entstehenden Verfahren niederzuschlagen, die Mitwirkung an der Ermordung von Millionen Juden durch die Hinnahme der Eröffnung dieses beispiellosen und von ihm erkannten Massenmordes ohne jeden ernsthaften Widerspruch, die Ausarbeitung von weiteren Gesetzen, Verordnungen und Ausführungsbestimmungen zu Führererlassen, die erkennbar zum Tode vieler Unschuldiger geführt haben, standen in keinem Verhältnis zu der vagen Möglichkeit, vielleicht im Einzelfall Übergriffe von Himmler auf die Justiz abwehren zu können. Schlegelberger hat sich zuletzt auf Kompromisse eingelassen, die so schlimm waren, dass sie sich von dem „Schlimmeren", was hierdurch verhindert werden sollte, nicht oder nur noch graduell, nicht aber mehr prinzipiell unterschieden (vgl. so schon Radbruch, SJZ 1948, 57).

Man kann die Situation Schlegelbergers auch nicht entsprechend der Auffassung des Schleswig-Holsteinischen Verwaltungsgerichts mit der eines Richters vergleichen, der einen Angeklagten zu Unrecht in Haft nimmt, um ihn den Verfolgern zu entziehen. Dieser Richter mag sich zwar einer Rechtsbeugung schuldig machen. Er handelt aber damit zum Schutze des Lebens des Angeklagten, also gerade aus Achtung vor dem Leben. Schlegelberger hat dagegen in größtem Umfang die Tötung menschlichen Lebens ermöglicht.

Schlegelberger hat erhebliche persönliche Schuld auf sich geladen. Diese wird auch nicht dadurch gemindert, dass sich tatsächlich nach seinem Eintritt in den Ruhestand die Verhältnisse in der Justiz wesentlich verschärften. Es ist sicherlich nachträglich auch nicht ohne Tragik, dass er noch in den letzten Monaten seiner langjährigen Dienstzeit an die Spitze des Reichsjustizministeriums berufen wurde und die Verantwortung für Vorgänge übernehmen musste, die für ihn normalerweise undenkbar gewesen wären.

So bleibt die Frage, warum er sich nicht rechtzeitig dieser Verantwortung entzogen hat. Er hätte, das räumt er ein, unmittelbar nach dem Tode des Reichsjustizministers Dr. Gürtner oder nach der Reichstagsrede Hitlers am 26. April 1942, ohne Nachteile befürchten zu müssen, aus Altersgründen in den Ruhestand treten können. Ob seine Einlassung, er sei nur zur Verteidigung der Rechtsstaatlichkeit im Amt geblieben, oder ob die Mutmaßungen der beklagten Behörde im gerichtlichen Verfahren zutreffen, ihn habe letztlich der Ehrgeiz, Justizminister zu sein oder zu werden, die Macht des Amtes und die damit verbundene gesellschaftliche Stellung bewogen, im Amt zu bleiben, kann ich nicht beurteilen. Diese Frage ist letztlich nicht mehr aufklärbar. Ich möchte deshalb meine Beurteilung der Person Schlegelbergers auch davon abhängig machen, ob er im Frieden mit Hitler oder im Streit oder einer zumindest nach außen hin deutlich werdenden Ablehnung gegenüber dem „Führer" des Dritten Reichs aus dem Amt geschieden ist.

Nach allem, was darüber bekannt ist, lässt sich für die zweite Möglichkeit nichts finden. Schlegelberger hat zu dieser Frage keine präzise Auskunft gegeben. In seiner Zeugenvernehmung im Hauptkriegsverbrecherprozess im Jahre 1946 hat er auf die Frage, ob er letztlich von sich aus zurückgetreten sei, geantwortet, diese Frage sei nicht so einfach zu beantworten. Sonstige Aussagen sind in der Gerichtsakte nicht enthalten. Wir sind daher auf Indizien angewiesen - und diese sprechen gegen Schlegelberger. Hitler hatte sich zwar sicherlich einige Male über Schlegelberger als Repräsentanten der Justiz geärgert und aufgeregt. Obwohl er mehrere Versuche dazu gemacht hatte, wurde Schlegelberger in seiner Stellung als Leiter des Reichsjustizministeriums nur zu seiner Verabschiedung persönlich von Hitler empfangen. Dennoch hatte dieser offenbar keine deutlichen Anzeichen für eine Ablehnung, Verärgerung oder grundsätzlich distanzierte Haltung Schlegelbergers gegenüber der geforderten Justizpolitik des Dritten Reichs oder gar für einen beharrlichen Widerstand seines obersten Juristen gegen ihn bemerkt. Schlegelberger erhielt deshalb mit seinem Eintritt in den Ruhestand folgendes Schreiben Hitlers:

Sehr geehrter Herr Schlegelberger!

Da den Aufgaben der Rechtspflege bei längerer Dauer des Krieges besondere Bedeutung zukommt, habe ich mich entschlossen, den seit dem Ableben des Reichsministers Dr. Gürtner unbesetzt gebliebenen Posten des Reichsministers der Justiz wieder zu besetzen. Ich habe Sie daher von Ihrem Auftrag, die Geschäfte des Reichsjustizministers zu führen, entbunden und Ihrem Antrage, Sie in den Ruhestand zu versetzen, stattgegeben. Für die hervorragenden Verdienste, die Sie in jahrzehntelanger aufopferungsvoller Arbeit dem Deutschen Reiche geleistet haben, spreche ich Ihnen meinen besonderen Dank aus. Fassen Sie es als Zeichen des Dankes und der Anerkennung auf, wenn ich versuche, Ihnen bei der Gestaltung Ihres so verdienten Ruhestandes besonders behilflich zu sein.

Mit den besten Wünschen für Ihr ferneres Wohlergehen
Ihr
Adolf Hitler

Die genannte Hilfeleistung bestand in einem Scheck über 100.000,-- RM, den er von Lammers mit diesem Schreiben überreicht bekam. Weiter erhielt er die Genehmigung, auch weiter die Beamtenuniform des Staatssekretärs tragen zu dürfen.

1944 wandte sich Schlegelberger noch einmal direkt an Hitler, um die Genehmigung zu erhalten, entgegen den bestehenden Vorschriften mit dem erhaltenen Geld ein landwirtschaftliches Anwesen in Baden zu er-

130

Der Reichsminister und Chef der Reichskanzlei

Rk. 12113 B

Es wird gebeten, dieses Geschäftszeichen bei weiteren Schreiben anzugeben.

Berlin W 8, den 30. August 1942
Voßstraße 6

z. Zt. Feldquartier

Postsendungen sind ausnahmslos an die Anschrift in Berlin zu richten

An

den Herrn Reichsminister der Justiz

> Reichsjustizministerium
> −1.SEP.1942
> Abt.   Gen.

Betrifft: Staatssekretär a.D. Dr. Schlegelberger.

Anläßlich des Ausscheidens des Staatssekretärs
Dr. S c h l e g e l b e r g e r aus dem Staatsdienst hat
der Führer entschieden, daß dem Staatssekretär a.D.
Dr. Schlegelberger weiterhin das Recht zum Tragen der Beamtenuniform zusteht. Ich darf Ihnen hiervon Kenntnis geben.

Staatssekretär a.D. Dr. Schlegelberger habe ich von
der Entscheidung des Führers unmittelbar verständigt.

werben. Hitler hat zwar seine Hilfe zugesichert, zu dem Kauf ist es aber nicht mehr gekommen. Schlegelberger behauptet, das Geld sei in den Kriegswirren auf einem Berliner Konto abhanden gekommen. Diese Vorgänge verdeutlichen, dass er auch Hitler gegenüber als treu ergebener und verdienter Staatsdiener in den Ruhestand ging. Damit neigt sich die Waage gegen Schlegelberger. Nach alledem bleibt vom „letzten Juristen" nicht viel übrig – Schlegelberger hat in schwierigsten Zeiten nicht mehr den persönlichen Mut und die Größe gehabt, deutlich nach außen seinen Widerstand zu bekunden und seine Mitwirkung an den teilweise grenzenlosen Maßlosigkeiten der Staatsführung zu verweigern.

Abschließend möchte ich vor jeder Überheblichkeit und Besserwisserei gegenüber der Person Schlegelbergers nach dem Motto, das hätte mir nicht passieren können, warnen. Ohne meine Behauptung verifizieren zu können oder zu wollen, wage ich die These, dass in einer ähnlichen Situation und Stellung, in der sich Schlegelberger befunden hat, sich die meisten nicht wesentlich anders als Schlegelberger verhalten hätten. Dies zu bedenken und damit das Bewusstsein für das von jedem einzelnen geforderte Verhalten bei Gefährdungen des Rechtsstaats zu stärken, sollen auch diese Ausführungen dienen.

Nachwort

Nachdem ich mich nunmehr seit zwei Jahrzehnten mit der Person und dem Verhalten Schlegelbergers beschäftigt habe, bin ich hellhörig geworden, wenn Vorgänge und Reaktionen, wie sie Schlegelberger vorgehalten wurden, auch heute in ähnlicher Weise wieder vorkommen. Aufgefallen sind mir beispielsweise Äußerungen und Reaktionen von Politikern auf Entscheidungen von Gerichten, mit denen sie nicht einverstanden sind. Gegen Kritik sind keine Bedenken zu erheben. Problematisch wird dies dann, wenn öffentlich zu Eingriffen in die Gerichte oder zu Maßnahmen gegenüber den Richtern mit genau den Methoden aufgerufen wird, die die Verurteilung Schlegelbergers mitgetragen haben. Dass dies nur selten geschieht und, soweit ich das sehe, auf diese öffentlichen Aufrufe bisher keine konkreten Taten gefolgt sind, beruht auf der erhöhten Wachsamkeit und Empfindsamkeit der Richterschaft auf entsprechende Erklärungen.

Aber allein die Tatsache, dass Politiker im demokratischen Rechtstaat überhaupt zu Verhaltensweisen aufrufen, die Schlegelberger als Verstoß gegen das Rechtstaatsprinzip vorgehalten worden sind, ist bemerkenswert. Offenbar sind die Lehren aus dem Versagen der Justiz und der Justizverwaltung im Dritten Reich schon wieder fast vergessen. Dabei beruhen wesentliche Grundsätze des Grundgesetzes wie der Grundsatz der Gesetzmäßigkeit der Verwaltung, der Unabhängigkeit der Rechtssprechung und der Grundsatz der Gewaltenteilung gerade auf den oben geschilderten furchtbaren Erfahrungen im Dritten Reich, in dem die genannten Grundsätze keine Geltung mehr hatten und damit zu den beschriebenen rechtsstaatswidrigen und gesetzlosen Maßlosigkeiten führen konnten. Erschreckend ist auch, dass sich offenbar auch die Instrumente bei angeblich unbotmäßigen Entscheidungen der Justiz nicht wesentlich verändert haben.

Als Beispiele möchte anführen:

Im Frühjahr 1990 erregte eine Entscheidung des 7. Senats des Oberverwaltungsgerichts Lüneburg zu einer atomrechtlichen Frage zum Betrieb des Atomkraftwerkes Brokdorf den Unmut des damaligen Sozialministers des Landes Schleswig-Holstein. In einem Interview im NDR erklärte er:

Ich muss wohl das Gericht mal besuchen und dort nach dem Rechten sehen.

Auf eine energische Presseerklärung des Oberverwaltungsgerichts hat er sich immerhin später dafür entschuldigt.

Als Reaktion auf ein Strafurteil des Landgerichts Mannheim in einem Verfahren gegen einen Rechtsradikalen forderte die Presse die Versetzung, Ablösung oder Entlassung der Richter. In einer Pressemitteilung vom 1. Februar 1995 wurde folgende Erklärung des Fraktionsvorsitzenden der SPD im Landtag Baden-Württemberg Maurer veröffentlicht:

Maurer bezeichnete es als dringend erforderlich, die Strafkammer am Landgericht Mannheim auf absehbare Zeit wieder arbeitsfähig zu machen. Der Justizminister könne durch das Führen von Rechtsgesprächen mit dem Präsidium des Landgerichts dazu beitragen, dass eine neue Geschäftsverteilung ermöglicht werde.

Das ist fast im Originalton eine Aufforderung zu dem Verhalten, welches Schlegelberger im Fall des oben geschilderten polnischen Landarbeiters Wolaj Wojcieck gegenüber den Richtern des Landgerichts Lüneburg im Jahre 1941 als rechtsstaatswidriges Verhalten vorgehalten worden ist.

Bemerkenswert erscheint mir auch folgende Pressemitteilung vom 30. Oktober 1997 in der Landeszeitung Lüneburg mit der Überschrift „Glogowski klagt Richter an". Darin heißt es:

Niedersachsens Innenminister Gerhard Glogowski (SPD) hat Richter und ihre Arbeit scharf kritisiert. Auf dem 26. Landesdelegiertentag der Gewerkschaft der Polizei Niedersachsachsens warf er ihnen gestern in Hameln vor, „oftmals katastrophale Urteile" mit zum Teil „grotesken" Begründungen zu fällen. „Die Richter müssen in Fragen der Verbrechensbekämpfung eindeutig mehr zur Verantwortung gezogen werden." Gerichte schöpften immer wieder den vorhandenen Gesetzesrahmen zur Bestrafung von Kriminellen nicht aus. Durch zu nachsichtige Urteile werde die Arbeit der Polizei aber letztlich zunichte gemacht ... Glogowski sagte zu den Richtern: „Das ist der einzige Berufsstand in Deutschland, der es geschafft hat, aus der Diskussion über gesellschaftliche Missstände herausgehalten zu werden. Keiner spricht darüber, wann Richter arbeiten, wie sie arbeiten und wie die Ergebnisse ihrer Arbeit aussehen ..."

Auch hierzu gibt es Parallelen zu Schlegelberger, der in der oben wiedergegebenen Ansprache gegenüber den Präsidenten der Oberlandesgerichte und den Generalstaatsanwälten am 31. März 1942 die Erwartung aussprach, dass Straftaten im Kriege streng zu bestrafen seien und dies für den Richter ein Befehl sei, dem er nachzukommen habe. Wenn beide Erklärungen auch unter völlig anderen Voraussetzungen abgegeben worden sind, so ist ihre Zielrichtung vergleichbar. Gegenüber der Rede von Herrn Glogowski, der später in Niedersachsen Ministerpräsident wurde, wandte sich der Niedersächsische Richterbund mit scharfen Worten, die aber nicht zur Rücknahme der Aussagen führten.

Ähnlich ist es mit der Gesetzesbindung für die Verwaltung. Als Anekdote gilt heute der Ausspruch des damaligen Bundessinnenministers Höcherl im Jahre 1963 im Zusammenhang mit der „Abhör-Affäre":

Verfassungsschützer können nicht ständig das Grundgesetz unter dem Arm tragen.

Fast normal sind bereits Erklärungen wie die des damaligen Bundesland-wirtschaftsministers Seehofer, dass über seine neusten Gesetzesvorlagen nicht ständig Juristen nachdenken und diese mit Kleinigkeiten zu Fall bringen sollten. Als im Frühjahr 2009 festgestellt wurde, dass die im Rahmen der Wirtschaftskrise vom Bund vorgesehenen Zahlungen an die Länder und Gemeinden zur Sanierung von Schulen gegen den erst vor zwei Jahren neugefassten Art. 104 b GG verstoßen und damit verfassungsrechtlich unzulässig sind, erklärte das Nds. Innenministerium (LZ 27. 2. 2009):

Wir halten eine strenge Auslegung der Verfassung für wenig sinnvoll. Die Landesregierung bemüht sich um eine kommunalfreundliche Auslegung.

Der Nds. Innenminister Schünemann erklärte am 13. März 2009 in einem Grußwort vor der Landkreisversammlung des Nds. Landkreistages zu diesem Problem, in Krisenzeiten müsse man den Mut haben, „so etwas breit auszulegen". Das Landeskabinett habe deshalb beschlossen, eine Änderung des Grundgesetzes nicht abzuwarten. Dementsprechend erklärte am 15. März 2009 Wirtschaftsminister Dr. Rösler, dass die Bundesregierung verbindlich erklärt habe, „dass die gegenwärtige Finanz- und Wirtschaftskrise eine Notsituation im Sinne der zu schaffenden Verfassungsrechtslage darstellt." Damit könne „die bisherige restriktive Auslegung ... aufgegeben werden." Es geschieht glücklicherweise selten, dass zu einer eindeutigen Regelung der Verfassung öffentlich nachgedacht wird, ob eine „strenge" Auslegung „sinnvoll" sei und dass man eine „breite" Auslegung bevorzuge. Erschreckend daran ist, dass überhaupt in dieser Weise unter Missachtung des Grundsatzes des Vorranges des Gesetzes nach Art. 20 Abs. 2 GG öffentlich argumentiert und gehandelt wird. Die Erfahrungen aus der Zeit, in der die Gesetzesbindung aufgegeben wurde, geraten offenbar immer mehr in Vergessenheit.

Auch bei Verfahrenserschwerungen gegenüber – unerwünschten – Minderheiten geben die Vorgänge um Schlegelberger Anlass zur erhöhten

Wachsamkeit. Bedenkt man das prozessuale Sonderrecht in der Polen-Strafrechtsverordnung, so ist es immerhin bedenkenswert, ob es eines Rechtsstaates wirklich würdig und angemessen ist, wenn z.b. im Asylverfahrensgesetz von 1993 für die der deutschen Sprache und den deutschen Gesetzen regelmäßig unkundigen ausländischen Hilfesuchenden ein Sonderrecht geschaffen wurde, in dem z.b. gegenüber dem deutschen Verfahrensrecht völlig unübliche kurze Fristen für die Asylantragstellung (4 Tage nach Einreise), verschärfte Anforderungen zur Begründung des Asylbegehrens und schließlich den Gerichten eine Frist von nur einer Woche, die es sonst im Verfahrensrecht nicht gibt, zur Entscheidung nach Eingang eines gerichtlichen Rechtsschutzbegehrens eingeräumt werden. Es ist auch eines Rechtsstaates unwürdig, dass die Verwaltungsgerichte die zuletzt genannte Frist weitgehend negiert haben, um damit ihrem verfassungsrechtlich vorgesehenen Auftrag zur Gewährleistung effektiven Rechtsschutzes nachkommen zu können.

Diese Beispiele zeigen – und nur dafür sind sie hier aufgeführt – dass die Erhaltung und Bewahrung des Rechtsstaats auch nach den Erfahrungen des Dritten Reiches keine Selbstverständlichkeit ist und dass gegenüber dessen Bedrohungen auch heute große Aufmerksamkeit angezeigt ist.

Literaturverzeichnis

Eli Nathans, Franz Schlegelberger, Sonderheft der Kritischen Justiz, Band III
Der Unrechts-Staat, 1990

Arne Wulff, Staatssekretär Prof. Dr. Dr. h. c. Franz Schlegelberger 1876–
1970, Diss, Frankfurt 1991

Michael Förster, Jurist im Dienst des Unrechts, Baden-Baden 1995,

Lore Maria Peschel-Gutzeit (Hrsg.) Das Nürnberger Juristen-Urteil von
1947, Baden-Baden 1995,

Klaus Bästlein, Der Fall Hartwig Schlegelberger, Grenzfriedenshefte
3/2008

Lothar Gruchmann, Justiz im Dritten Reich. 1933–1940. Anpassung und
Unterwerfung in der Ära Gürtner, München 1988

Martin Hirsch, Dietmut Majer, Jürgen Meinck, (Hrsg.), Recht, Verwaltung
und Justiz im Nationalsozialismus, Köln 1984

Ingo Müller, Furchtbare Juristen, München 1987

Kurt Pätzold, Erika Schwarz, Tagesordnung: Judenmord. Die Wannseekon-
ferenz am 20. Januar 1942, Berlin 1992

Erwin Bumke, J. Wilhelm Hedemann, Gustav Wilke, Beiträge zum Recht
des neuen Deutschland, Festschrift für Franz Schlegelberger zum 60. Geburtstag, Berlin 1936